"十二五"辽宁省重点图书出版规划项目

三友会计论丛 第18辑

SUNYO ACADEMIC SERIES IN ACCOUNTING

国家社会科学基金项目（17CGL013）研究成果

并购视角下企业杠杆率动态调整的理论与实证研究

李井林 著

Theoretical and Empirical Study on the Dynamic Adjustment of Corporate Leverage from the Perspective of Merger and Acquisition

东北财经大学出版社 Dongbei University of Finance & Economics Press | 大连

图书在版编目（CIP）数据

并购视角下企业杠杆率动态调整的理论与实证研究 / 李井林著. —大连 ：东北财经大学出版社，2023.1
（三友会计论丛 · 第18辑）
ISBN 978-7-5654-4685-6

Ⅰ. 并⋯ Ⅱ. 李⋯ Ⅲ. 企业管理-研究-中国 Ⅳ. F279.23

中国版本图书馆CIP数据核字（2022）第212172号

东北财经大学出版社出版
（大连市黑石礁尖山街217号 邮政编码 116025）
网 址：http：//www.dufep.cn
读者信箱：dufep@dufe.edu.cn
大连永盛印业有限公司印刷 东北财经大学出版社发行

幅面尺寸：170mm×240mm 字数：155千字 印张：11 插页：1
2023年1月第1版 2023年1月第1次印刷

责任编辑：王 莹 郭海雷 吴 茜 责任校对：孙 倩
封面设计：冀贵收 版式设计：原 皓

定价：45.00元

教学支持 售后服务 联系电话：（0411）84710309

如有印装质量问题，请联系营销部：（0411）84710711

本书系国家社会科学基金项目“并购视角下企业杠杆率动态调整的理论与实证研究”（17CGL013）的重要成果之一，感谢全国哲学社会科学规划办公室的资助！

出版者的话

随着我国以社会主义市场经济体制为取向的会计改革与发展的不断深入，会计基础理论研究的薄弱和滞后已经产生了越来越明显的“瓶颈”效应。这对于广大会计研究人员而言，既是严峻的挑战，又是难得的机遇。说它是“挑战”，主要是强调相关理论研究的紧迫性和艰巨性，因为许多实践问题急需相应的理论指导，而这些实践和理论在我国又都是新生的，没有现成的经验和理论可资借鉴；说它是“机遇”，主要是强调在经济体制转轨的特定时期，往往最有可能出现“百花齐放，百家争鸣”的昌明景象，步入“名家辈出，名作纷呈”的理论研究繁荣期和活跃期。

迎接“挑战”，抓住“机遇”，是每一个中国会计改革与发展的参与者和支持者义不容辞的责任。为此，我们与中国会计学会财务成本分会、东北财经大学会计学院联合创办了一个非营利的学术研究机构——三友会计研究所，力求实现学术团体、教学单位、出版机构三方的优势互补，密切联系老、中、青三代会计工作者，发挥理论界、实务界、教育界的积极性，致力于会计、财务、审计三个领域的科学研究和专业服务，以期为我国的会计改革与发展做出应有的贡献。

三友会计研究所的重大行动之一就是设立了“三友会计著作基金”，用于资助出版“三友会计论丛”。它旨在荟萃名人力作及新人佳作，传播会计、财务、审计研究与实践的最新成果与动态。“三友会计论丛”于1996年推出第一批著作；自1997年起，本论丛定期遴选并分辑推出。

采取这种多方联合、协同运作的方法，如此大规模地遴选、出版会计著作，在国内尚属首次，其艰难程度不言而喻。为此，我们殷切地希望广大会计界同仁给予热情支持和扶助，无论作为作者、读者，还是作为评论者、建议者，您的付出都将激励我们把“三友会计论丛”的出版工作坚持下去，越做越好！

东北财经大学出版社

三友会计论丛编审委员会

序言

资本结构是公司财务研究的重要经典话题，关于资本结构的研究形成了很多流派，学者们称之为“资本结构之谜”现象。针对企业资本结构是否存在关于其目标水平的动态调整行为，现有研究得出了完全不同的结论。资本结构动态权衡理论认为企业资本结构存在目标水平，当企业实际资本结构偏离目标水平时，企业会实施相应的融资行为从而将资本结构调整至目标水平，以实现公司价值最大化，而动态权衡理论的主要竞争性理论提出了截然相反的观点。其中，资本结构优序融资理论认为由于存在委托代理问题与信息不对称问题，企业会按照融资成本原则优先选择自有资金，其次选择债务融资，最后选择股权融资，即企业资本结构并不存在关于其目标水平的动态调整行为；资本结构市场择时理论则认为企业资本结构是企业过去择时市场的融资行为累积的结果，企业资本结构也并不存在动态调整行为。那么，如何检验企业资本结构是否遵循动态权衡理论、优序融资理论以及市场择时理论呢？

已有研究主要通过构建资本结构局部调整模型与债务-权益选择模型来检验资本结构理论对企业融资行为的解释力。如果动态权衡理论通过检验，则说明企业存在将资本结构向目标水平动态调整的行为；否则，说明企业融资行为遵循资本结构的优序融资理论或市场择时理论。由于资本市场并非处于理想状态，存在着融资约束与融资成本等问题，因此企业不能频繁地调整资本结构。同样作为公司财务研究经典话题的并购重组则将企业投资行为与融资行为有效地结合起来，为观察企业融资行为是否遵循某种资本结构理论提供了良好的窗口。企业并购交易活动是企业重大投资事件，并购交易活动的完成要求企业筹措大量的外部资金，并购支付与融资方式的选择将会对企业资本结构产生重要影响。因此，企业并购如果提高了企业资本结构动态调整速度，而且促进了企业通过并购支付与融资方式引起资本结构向目标资本结构调整，就可以间接验证企业资本结构存在动态调整行为。当然，企业发起并购是为了实现企业战略目标，企业并购的资本结构调整效应可能是一种积极主动的目标资本结构调整行为，也可能是并购投资活动本身引致的间接资本结构调整行为。基于此，检验企业并购对资本结构动态调整的影响便成为本书研究的出发点。

本书在中国制度背景下围绕着企业资本结构动态调整行为的存在性，以及企业并购对资本结构动态调整的影响效应、机制、路径等四个方面重点考察了以下问题：首先，企业资本结构是遵循动态权衡理论、优序融资理论还是市场择时理论？其次，企业并购是否对资本结构动态调整产生显著的促进效应？再次，企业并购影响资本结构动态调整的具体作用机制是什么？最后，企业并购影响资本结构动态调整的具体路径是什么？本书的研究结论一方面有助于厘清动态权衡理论、优序融资理论与市场择时理论关于资本结构是否存在向其目标水平进行动态调整这一问题的争论，为资本结构理论研究提供了新的研究思路和视角，另一方面基于“效应-机制-路径”结构构建并购影响资本结构动态调整行为的综合分析框架，实现了企业并购理论与资本结构理论的有效结合，有助于引导企业从并购价值创造的角度制定科学合理的目标资本结构，构建资本结构动态调整优化机制，并基于企业内外部融资环境的变化选择合适的调整路径，以实现企业资本结构的最优化。

本书可以作为财经类院校高年级本科生、学术型和专业学位研究生以及博士生的课外阅读材料使用；同时，相信本书对致力于中国公司财务与并购重组问题的学者、政府相关职能部门、上市公司董事和高级管理人员都会有较多启发。

刘淑莲

2022年9月

前言

近年来，我国杠杆率（特别是企业杠杆率）高企，债务规模增长过快，债务负担不断加重。据中国社会科学院国家资产负债表研究中心（CNBS）的数据显示，就债务水平而言，中国实体经济部门杠杆率约为250%，远高于新兴经济体不到190%的平均杠杆率，接近美国水平，中国企业部门杠杆率为153.6%；就债务增加速度而言，2008—2016年，中国宏观杠杆率平均每年上升12.4个百分点，是同期全球宏观杠杆率增速的两倍多。国际经验表明，无论是公共部门还是私人部门，快速上升的负债率往往会导致金融危机的爆发，并最终造成经济衰退。近期有关中国经济应该去杠杆还是加杠杆的讨论成为全球热点。然而，杠杆本身不是问题，杠杆效率才是关键，笼统地谈及去杠杆或加杠杆政策都可能失之偏颇，正确的做法是让市场在资源配置中发挥决定性作用，由市场去选择谁加杠杆、谁去杠杆。而市场要发挥决定性作用，关键在于政府要更好地发挥调控作用（钟宁桦等，2016；中国金融论坛课题组，2017）。从宏观调控层面来看，2015年年底中央经济工作会议将去杠杆作为供给侧结构性改革的五项重点任务之一。2016年年底中央经济工作会议继续要求去杠杆，《国务院关于积极稳妥降低企业杠杆率的意见》中的总体要求和主要途径均明确指出通过资本市场积极推进企业兼并重组降低企业杠杆率，优化债务结构，助推经济转型升级和优化布局，为经济长期持续健康发展夯实基础。2018年9月，国务院办公厅印发《关于加强国有企业资产负债约束的指导意见》，提出加强国有企业资产负债约束是打好防范化解重大风险攻坚战的重要举措。从微观企业层面来看，已有研究发现并购是能够显著改变企业杠杆率的重大事件之一，而且企业将会利用并购机会以较低的调整成本和较快的调整速度优化其杠杆率（Vermaelen and Xu，2014；王逸等，2015）。并购将投资与杠杆率决策联系起来，因此提供了一个观察企业向其目标杠杆率进行动态调整的机会。或者说，并购可以作为企业调整其杠杆率的机会窗口，如果公司通过不同并购融资政策的选择引起杠杆率向其目标水平进行动态调整，就可以验证企业杠杆率存在目标调整行为。在中国经济发展方式的转型升级和经济结构的优化调整阶段，如何通过资本市场使并购重组成为调整企业“杠杆率”、优化债务结构和社会资源配置、提高经济效率的有效手段，是目前企业去杠杆或加杠杆亟待解决的重要课题。

本书以我国沪深交易所2007—2020年A股上市公司数据和并购事件为研究样本，基于资本结构动态调整与企业并购的相关理论，结合我国制度环境，构建并购影响企业资本结构动态调整速度的“效应-机制-路径”分析框架，考察企业并购对资本结构动态调整速度的影响效应、机制以及路径，并得到如下研究结论：

第一，企业资本结构存在动态调整行为。基于资本结构动态权衡理论、优序融资理论以及市场择时理论等主流资本结构理论对企业资本结构是否存在动态调整行为进行理论分析并提出研究假设。在此基础上，构建资本结构局部调整模型，同时对上述三种主要资本结构理论进行检验，并比较这三种主要资本结构理论对资本结构变化的解释力。研究发现，资本结构动态权衡理论得到实证结果支持，并且相比优序融资理论和市场择时理论，动态权衡理论对企业资本结构的变化具有更强的解释力，从而间接验证了企业资本结构存在关于其目标水平的动态调整行为。

第二，企业并购显著促进了企业资本结构的动态调整速度。在企业资本结构存在动态调整行为的研究假设得到验证的基础上，本书进一步考察了企业并购对资本结构动态调整速度的影响效应，即考察企业并购是否促进了企业资本结构的动态调整速度。研究发现，企业并购显著促进了企业资本结构的动态调整速度。

第三，企业并购通过缓解融资约束程度、提升企业社会责任表现以及增强企业风险承担水平来促进企业资本结构动态调整速度。在企业并购对资本结构动态调整速度的促进效应得到验证的基础上，本书进一步从融资约束、企业社会责任与风险承担水平等视角分析企业并购对资本结构动态调整速度的影响机制。研究发现：（1）企业并购→缓解融资约束→促进企业资本结构动态调整速度，即融资约束在企业并购与资本结构动态调整速度之间关系中存在部分中介效应；（2）企业并购→提升企业社会责任表现→促进企业资本结构动态调整速度，即企业社会责任在企业并购与资本结构动态调整速度之间关系中存在部分中介效应；（3）企业并购→增强企业风险承担水平→促进企业资本结构动态调整速度，即企业风险承担水平在企业并购与资本结构动态调整速度之间关系中存在部分中介效应。

第四，并购企业根据其资本结构水平选择相应的并购支付与融资方式进行资本结构动态调整。在企业并购对资本结构动态调整速度的促进效应及其机制得到验证后，本书进一步考察了企业并购对资本结构动态调整的影响路径，即并购企业是如何基于杠杆率状态而选择相应的并购支付与融资方式以实现资本结构动态调整。借鉴Hovakimian and Li（2011）以及李井林等（2015）检验企业资本结构是否存在动态调整行为的做法，从并购融资政策选择的角度，分别构建并购支付方式与并购融资方式离散选择模型，将资本结构动态权衡理论、优序融资理论与市场择时理论的替代变量纳入同一模型，检验企业并购融资政策选择行为是否具有资本结构动态调整动机。研究发现，与杠杆不足的并购企业相比，过度杠杆的并购企业选择股票支付方式与股票融资方式的可能性更大；并购支付与融资方式选择行为遵循资本结构动态权衡理论而非优序融资理论与市场择时理论，即并购企业在并购融资政策选择时受目标资本结构的显著影响，并购企业会基于其资本结构水平选择相应的并购支付与融资方式进行资本结构动态调整。

本书在以下几个方面存在创新：一是实现了企业并购理论与资本结构理论之间的有效结合。以往研究大多基于企业融资活动来检验企业资本结构理论，而本书将企业并购视为企业资本结构动态调整的机会，通过研究企业并购对企业资本结构动态调整速度的影响效应、机制以及路径，系统验证了企业资本结构存在动态调整行为，拓宽了检验资本结构理论的研究思路和视角，实现了企业并购理论与资本结构理论的有效结合。二是同时检验了资本结构动态权衡理论、优序融资理论以及市场择时理论。本书基于企业并购视角，通过分别构建资本结构局部调整模型以及并购支付方式与并购融资方式离散选择模型，并将动态权衡理论、优序融资理论以及市场择时理论的替代变量纳入模型中，同时对动态权衡理论、优序融资理论以及市场择时理论进行检验，控制了单一资本结构理论检验模型的固有缺陷，使得研究结论更为稳健。三是构建了企业并购影响资本结构动态调整行为的“效应-机制-路径”综合分析框架。首先，检验企业并购对资本结构动态调整行为的影响效应，考察企业并购是否显著促进资本结构动态调整速度；其次，检验企业并购对资本结构动态调整行为的影响机制，从融资约束、企业社会责任与风险承担水平等方面进一步考察企业并购促进资本结构动态调整速度的具体影响机制。最后，检验企业并购对资本结构动态调整行为的影响路径，从并购支付与融资方式选择视角考察企业并购通过何种路径影响资本结构动态调整行为，即并购企业如何基于杠杆率状态选择相应的并购支付与融资方式以实现资本结构动态调整。

本书关于并购视角下企业杠杆率动态调整的理论与实证研究具有一定的探索性质，因此难免存在一些不足之处，恳请各位专家、学者和读者朋友批评指正。

作　者

2022年9月

目录

第1章
导论

1.1 问题的提出

自从2008年金融危机之后，“去杠杆”成为全球普遍关注的经济金融话题。2014年9月29日，国际货币与金融业研究中心发布的第16份日内瓦报告显示，自2008年之后，全球债务占GDP的比重仍在不断上升，达到了历史新高（212%），杠杆率过高与不断放缓的经济增速相结合，意味着全球经济可能正在走向一场新的危机，“去杠杆”势在必行。近年来，我国资产负债率（特别是企业资产负债率）高企，债务融资规模增长过快，偿债压力不断加重。就债务规模而言，中国社会科学院测算的数据显示，截至2015年年底，我国债务总额高达168万亿元，债务总量与GDP之比高达249%，其中非金融企业部门的问题最为突出，其债务率高达156%，远高于国际警戒线。2018年中国实体经济部门资产负债率达到250%，与美国很接近，但远高于发展中经济体平均190%的资产负债率水平（张晓晶等，2019）。就债务增加速度来看，中国资产负债率年均增速为12%，几乎是同期全球资产负债率增速的两倍。具体来讲，2018年我国企业部门杠杆率为153.6%。周茜等（2020）研究发现，我国政府于

2008年实施的"四万亿"经济刺激计划，使得中国企业资产负债率水平持续快速提高，进而导致如今我国非金融企业部门整体资产负债率过高的现象。国际经验证据表明，政府部门或实体企业资产负债率的快速上升往往触发债务危机，进而导致金融危机，最终还会导致经济衰退。近期，有关中国经济应该"去杠杆"还是"加杠杆"的讨论成了全球热点，杠杆率动态调整优化成为政府部门、实务界以及学界重点关注的热点话题。

从宏观调控层面来看，2015年年底召开的中央经济工作会议将"去杠杆"作为供给侧结构性改革的五项重点任务之一。2016年10月，国务院印发的《关于积极稳妥降低企业杠杆率的意见》明确提出，将企业兼并重组作为企业降低杠杆率的主要途径。2018年8月，国家发改委等五部委联合印发的《2018年降低企业杠杆率工作要点》也提出将企业兼并重组作为企业降杠杆的措施。2018年9月，中共中央办公厅等印发的《关于加强国有企业资产负债约束的指导意见》也将企业兼并重组作为加强国有企业资产负债约束的措施。这些陆续发布的政策文件表明"去杠杆"对企业而言刻不容缓，同时也表明目前我国正将并购重组作为企业"去杠杆"的重要手段之一。因此，如何有效利用并购重组调整优化企业的资本结构是一个当前值得研究的重要话题。从微观角度看，过高的资产负债率水平会增加企业财务风险，带来企业融资成本的增加、盈利能力的下降以及破产风险的增加。S&P Global Market Intelligence的数据显示，截至2020年12月2日，美国该年申请破产的较大规模企业达到593家，超过2010年以来任何可比时期的破产申请数量，从资产负债情况来看，有42家公司的负债超过10亿美元。

在国内，据天眼查App数据显示，2020年第一季度我国超过46万家企业倒闭，其中大部分企业是因为债务违约，即无法偿还到期债务，资不抵债所致。企业在经营过程中大幅举债会对资金链产生较大压力，导致资金周转速度下降，加剧债务违约风险。乐视、沪华信、丹东港和宏图高科都是因为过度举债扩大投资，加上宏观经济环境变化，企业资金链断裂，最终走向债务违约。因此，通过何种方式实现对我国企业资产负债率的有效管控，是现阶段亟待解决的重要问题，受到了政府部门、学术界和实务界的共同关注和高度重视。

并购作为企业的重大投资活动之一，是调整资本结构的重要手段。由于企业通常需要大量资金才能顺利完成并购交易，因此，企业可以通过在并购过程中选择合适的融资方式和支付方式，调节优化自身资本结构水平，防范债务风险，创造并购价值。为了推动企业顺利完成并购重组交易，我国也陆续出台了创新和丰富并购支付与融资方式的相关政策。2014年3月，国务院印发的《关于进一步优化企业兼并重组市场环境的意见》明确提出，优先股与定向可转换债券可以作为企业兼并重组对价的支付工具。2015年8月，证监会等四部委联合发布的《关于鼓励上市公司兼并重组、现金分红及回购股份的通知》明确提出，定向可转债可以作为企业并购重组的融资工具，并鼓励证券公司等为上市公司提供兼并重组融资支持。2020年10月，国务院印发的《关于进一步提高上市公司质量的意见》提出，支持上市公司发展优先股、股债结合产品作为并购支付与融资工具。上述并购融资政策促进了企业并购融资方式和支付方式的创新与多元化，不仅有助于企业通过设计合理的并购交易结构创造并购价值，而且有利于国家通过市场化的并购重组实现国有资本布局优化与结构调整，进而促进国有资本和国有企业的做强做优做大。

目前，学者们对资本结构和企业并购之间的关系进行了大量的研究，已有部分学者研究表明企业并购与资本结构之间是存在一定关联的。首先，国内外学者通过并购事件验证了企业资本结构动态调整行为的存在性（Uysal，2011；李井林等，2015；Khoo et al.，2017）。其次，企业会利用并购交易活动将自身资本结构调整至目标水平（王逸等，2015；甘丽凝等，2015），企业会基于现有资本结构水平通过选择合适的目标公司、并购支付方式和并购融资方式实现对自身资本结构的动态调整（Murphy and Nathan，1989；Vermaelen and Xu，2014；Ahmed and Elshandidy，2018），主要表现为过度杠杆企业会驱动企业选择股权融资方式进行并购，而杠杆不足企业则会驱动企业选择债务融资方式进行并购（Hu and Yang，2016；赵息和陈佳琦，2018）。最后，杠杆偏离也会显著影响企业并购绩效，存在债务治理效应和融资效应（Ang et al.，2019）。当前我国经济已转向高质量发展阶段，并购重组将继续作为实现国有资本布局结构优化、国有企业体制机制创新、国有经济高质量发展以及“去杠杆”、控风险的重要手段。因此，资本结构与并购重组之间存在的内在关联值得学者们进行系统研究。基于此，本书希望通过构建并购影响资本结构动态调整的研究框架，从影响效应、影响机制以及影响方式等视角系统研究并购对企业资本结构动态调整的影响，以期打开企业并购与资本结构动态调整之间关系的“黑箱”。

1.2 文献综述

1.2.1 资本结构动态调整速度影响因素的相关研究

（1）目标资本结构的存在性

“企业是否存在目标资本结构”这一问题在学术界充满争议，成为“资本结构之谜”的重要组成部分。基于动态权衡理论，企业的资本结构确实存在向目标水平收敛的行为（Flannery and Rangan，2006），但优序融资理论以及市场择时理论却否定了这一观点（Shyam-Sunder et al.，1999；Baker and Wurgler，2002）。尽管部分学说对目标资本结构的存在性提出了反对意见，但仍有研究为目标资本结构的存在性提供了理论依据及经验证明。

①目标资本结构存在性的静态检验及证据

最初，学者们主要采用静态视角检验公司是否存在目标杠杆率，即通过回归分析考察公司某些特征变量对资本结构的影响。Marsh（1982）研究指出，公司的目标杠杆率由公司资产规模以及破产风险决定，公司规模以及固定资产比率对目标杠杆率具有正向影响，而破产风险的增加则会导致目标杠杆率降低。类似地，Bradley et al.（1984）通过构建理论模型研究发现，目标杠杆率由债务融资的净税收收益以及相关成本决定，财务危机资本、非债务税盾、资产波动性的增加会导致目标杠杆率显著降低。另外，Modigliani（1982）研究指出，通货膨胀会对公司的目标杠杆率产生影响。Graham（2000）研究表明，税率与目标杠杆率正相关。中国学者对静态权衡理论也有所探讨，同样对目标杠杆率的存在性提供了证据。郭鹏飞和孙培源（2003）认为，行业特征是影响中国上市公司目标资本结构的重要因素之一。张志强和肖淑芳（2009）通过研究得出的结论是，上市公司目标杠杆率远低于理论标准，但更贴近实际数据。

另外，学术界对与企业融资政策相关的调查证据也证实了目标杠杆率的存在。Graham and Harvey（2001）选择了部分美国公司，调查其是否考虑目标杠杆率，在392个调查样本中有81%的公司设置了有弹性的、一般弹性或无弹性的目标杠杆率，仅有19%的公司并未设置目标杠杆率。Bancel and Mittoo（2004）针对来自欧洲16个国家的87位CFO进行调查，结果显示，59%的CFO认为目标资本结构对股票发行产生重要影响。陆正飞和高强（2003）基于中国上市公司的调查发现，88%的公司认为设定合适的目标杠杆率是有必要的。李悦等（2007）同样根据调查研究指出，89.7%的公司设定了有弹性的、一般弹性或无弹性的目标杠杆率，仅有10.30%的样本公司没有设定目标杠杆率。

②目标资本结构存在性的动态检验及证据

学者们在对目标杠杆率影响进行研究的初期往往只采用静态数据，而忽略了公司杠杆是否向目标杠杆率收敛。实际上，公司杠杆率是动态的，考察其动态调整能够更直接地验证目标杠杆率的存在性。

一方面，部分研究通过考察企业是否会根据其杠杆率与目标水平的差异调整融资行为来检验目标资本结构。Hovakimian et al.（2001）研究发现，当实际杠杆率低于目标水平时，公司更可能进行债务融资或权益回购，而当实际杠杆率高于目标水平时，公司更可能进行股权融资或债务清偿。通过考察公司目标杠杆率对并购融资方式的影响，Harford et al.（2009）研究指出，当并购方资本结构高于目标水平时，并购方更可能选择股权融资而非债权融资。通过考察目标资本结构与并购支付方式的关系，Uysal（2011）研究指出，当并购方资本结构高于目标水平时，并购方以现金支付对价的概率较低。Elsas et al.（2014）研究指出，为大项目融资的债权（股权）比例显著依赖于公司杠杆率的目标缺口，杠杆率较高的公司更倾向于进行股权融资。

另一方面，部分研究通过构建局部调整模型来检验公司目标杠杆率是否存在。Flannery and Rangan（2006）通过这种方法研究表明公司存在目标杠杆率，支持资本结构动态权衡理论。Hovakimian and Li（2011）通过构建债务-权益选择模型来检验公司特征对公司融资行为选择的影响，以考察公司杠杆率是否会向其目标水平收敛。进一步地，Harford et al.（2009）以及 Uysal（2011）使用并购支付及融资方式选择模型，以检验目标杠杆率对并购融资的影响。李井林等（2015）同时构建了局部调整模型与并购对价及融资方式选择模型，研究显示公司存在目标杠杆率，而且公司并购融资政策的调整存在资本结构动态调整动机。

③对目标资本结构存在性的质疑

尽管大多数研究对于动态权衡理论关于"公司存在目标资本结构"这一观点表示认可，但也有其他流派学者对其提出质疑，其中优序融资理论与市场择时理论是其主要的竞争性理论。

优序融资理论指出，由于委托代理问题、信息不对称问题以及交易成本等因素的影响，公司会按照内部盈余、债务融资、股权融资的顺序进行融资决策，这一理论否定了公司目标杠杆率的存在性。Rajan and Zingales（1995）研究发现，获利能力强的企业更愿意选择内部融资而非债务融资。Shyam-Sunder et al.（1999）认为，目标资本结构调整模型、优序融资模型对公司融资选择的解释力更强，进一步通过模拟实验检验发现，即便公司进行优序融资，其杠杆率仍表现出均值回归的行为。Martynova and Renneboog（2009）的研究支持了优序融资理论：现金充裕的并购公司会首选内部融资；若公司必须选择外部融资，则更倾向于选择债务融资；只有当内部盈余匮乏且债务融资约束大时，企业才会倾向于选择股票融资。

现有理论认为是由市场择时而非目标杠杆催生了资本结构的变动。Hovakimian（2004）研究指出，当公司市账率较高（较低）时，公司会通过发行（回购）股票来进行择时，从而导致杠杆率降低（增加）。Welch（2004）通过考察股价波动与公司债务比率的关系发现，40%的债务比率因股票收益变化而产生变动，70%的债务比率因证券发行而产生变动，且发行证券并非用来弥补股票收益变化导致的债务比率变动。因此，公司股票收益由股价错估而产生变动时，债务比率也会受其影响而产生变动，此时债务比率的变动并非由目标资本结构引起。Huang and Ritter（2009）认为，企业融资决策的决定性因素是市场择时，并且实施股权或债务融资可能会持续影响企业财务杠杆长达十年，这表明资本结构变动并非由公司的资本结构动态调整引起，而是市场择时的累积结果。

（2）资本结构动态调整的检验方法

①债务与权益离散选择模型

通过构建债务与权益离散选择模型来检验公司特征对债务融资与股票回购的影响，是验证目标杠杆率存在性的有效方法。部分学者认为，公司发行债务或者回购股票的可能性越高，公司杠杆率与目标水平的偏离度就越低，为权衡理论提供了证据支持（Marsh，1982；Bayless and Chaplinsky，1991；Hovakimian et al.，2001；Cotei and Farhat，2011）。Hovakimian et al.（2001）研究指出，杠杆利用不足的高盈利公司更有可能通过债务融资或回购股票来抵消财务杠杆与目标水平的差异。与此类似，Hovakimian et al.（2004）研究发现，同时进行债务融资及股权融资，能够抵消由累积盈余导致的财务杠杆与目标水平的差异。Hovakimian（2004）研究发现，债务回购抵消了公司财务杠杆与目标水平的差异，而股票购销对其效应并不明显，这就表明即便存在目标杠杆率也不影响企业的市场择时行为。Hovakimian and Li（2011）运用负债-权益选择模型的检验结果同样为公司目标杠杆率的存在性提供了证据支持。

②资本结构局部调整模型

由于企业资本结构及其目标水平处于不断变化之中，因此，以往文献主要通过构建标准的资本结构局部调整模型来估计资本结构动态调整速度，进而验证企业资本结构是否存在关于其目标水平的动态调整行为。

为了检测杠杆率调整速度，学者们以局部调整模型为基础，先后采用混合普通最小二乘法（Pooled-OLS）、Fama-MacBeth估计法以及固定效应（FE）估计法，但上述几种估计法的结果均存在偏误（Antoniou et al.，2006；Lemmon et al.，2008；Flannery and Hankins，2013；李井林，2014）。后来，部分研究又引入了差分GMM估计法以及系统GMM估计法。其中，系统GMM估计法由于能够解决变量的内生性和过度识别的问题被广泛应用（Flannery and Rangan，2006；Huang and Ritter，2009；Flannery and Hankins，2013）。另一方面，Huang and Ritter（2009）不仅使用长差分估计法、双边截取Tobit估计法来测试杠杆率调整速度，还使用蒙特卡洛模拟技术来测试二者的有效性。中国学者针对杠杆率调整速度的研究主要采用单一的固定效应模型或一阶差分GMM估计方法，关于我国上市企业样本估计方法对比研究还较为少见（肖作平，2004；王正位等，2007；Qian et al.，2009；肖作平和廖理，2010；姜付秀和黄继承，2011；麦勇等，2011；李井林和刘淑莲，2015）。

（3）资本结构动态调整速度的影响因素

目前，学者们主要从公司财务特征、公司治理、制度环境、宏观经济因素等方面来研究资本结构动态调整速度的影响因素（见表1-1）。

表1-1　　资本结构动态调整速度影响因素代表性文献

影响因素		主要观点	代表性文献
公司财务特征	资本结构目标缺口	+	Heshmati（2002）；Drobetz et al.（2007）；黄辉（2010）
	公司规模	+	Heshmati（2002）；Drobetz et al.（2007）；黄辉（2010）
	内部资本市场	+	Fier et al.（2013）
	盈利能力	+	Heshmati（2002）；郑曼妮和黎文靖（2018）
	盈余质量	+	邹萍（2014）；李荣锦和雷婷婷（2019）
	风险承担水平	+	盛明泉和车鑫（2016）
	授信额度	+	Brandon（2010）；常亮（2012）
	政治关联	+	刘星等（2015）；况学文等（2017）
	银行关联	+	张胜等（2017）
	大型投资	+	甘丽凝等（2015）
	现金流水平	+	Faulkender et al.（2012）；罗琦和胡亦秋（2016）
	融资约束	−	Faulkender et al.（2008）；常亮和连玉君（2013）
	战略差异度	−	盛明泉等（2018）
	社会责任表现	+/−	Huang and Do（2018）；Yang et al.（2018）；王倩等（2019）
	成长性	+/−	Heshmati（2002）；Drobetz et al.（2007）；黄辉（2010）

续表

影响因素		主要观点	代表性文献
公司治理	高管薪酬激励	+	黄继承等（2016）；谢辰等（2019）
	高管股权激励	+	盛明泉等（2016）；谢辰等（2019）
	管理层制衡强度	+	戴雨晴和李心合（2021）
	高管团队内部治理	+	张博等（2021）
	公司治理水平	+	Chang et al.（2014）；武力超等（2017）
	董事会非正式层级	+	王晓亮和邓可斌（2020）
制度环境	市场竞争程度	+	黄继承和姜付秀（2015）；许新亮（2019）
	市场化进程	+	姜付秀和黄继承（2011）
	法律环境	+	黄继承等（2014）；金桂荣（2016）
	产业政策	+	巫岑等（2019）；韩金红和潘莹（2021）
	融资融券制度	+	黄俊威和龚光明（2019）
	新会计准则	+	张博等（2018）
宏观经济因素	经济周期	+	Cook and Tang （2010）；闵亮和邵毅平（2012）
	宽松货币政策	+	邹萍（2015）；袁春生和郭晋汝（2018）
	经济政策不确定性	-	王朝阳等（2018）
	贸易政策不确定性	-	彭俊超（2021）
	经济金融化程度	-	刘贯春（2019）

资料来源：本书作者整理。

①公司财务特征

国内外学者分别从资本结构目标缺口、公司规模、内部资本市场、盈利能力、盈余质量、风险承担水平、授信额度、政治关联、银行关联、大型投资、现金流水平、融资约束、战略差异度、社会责任表现、成长性等方面对公司财务特征与财务杠杆调整速度的关系展开了研究。研究指出，资本结构目标缺口、公司规模、内部资本市场、盈利能力、盈余质量、风险承担水平、授信额度、政治关联、银行关联、大型投资、现金流水平与资本结构动态调整速度正相关（Heshmati，2002；Drobetz et al.，2007；黄辉，2010；Fier et al.，2013；郑曼妮和黎文靖，2018；邹萍，2014；李荣锦和雷婷婷，2019；盛明泉和车鑫，2016；Brandon，2010；常亮，2012；刘星等，2015；况学文等，2017；张胜等，2017；甘丽凝等，2015；Faulkender et al.，2012；罗琦和胡亦秋，2016）。融资约束、战略差异度与公司债务比率调整速度负相关（Faulkender et al.，2008；常亮和连玉君，2013；盛明泉等，2018）。然而，针对社会责任表现以及成长性与资本结构动态调整速度之间的关系目前还未形成统一意见：关于社会责任表现对资本结构调整速度的影响，Huang and Do（2018）认为二者正相关，而Yang et al.（2018）、王倩等（2019）认为二者负相关；关于成长性对资本结构调整速度的影响，Drobetz et al.（2007）、黄辉（2010）认为二者正相关，而Heshmati（2002）认为二者负相关。

②公司治理

公司治理方面的因素同样会影响杠杆率调整速度。有关研究表明，高管薪酬激励、高管股权激励、管理层制衡强度、高管团队内部治理、公司治理水平、董事会非正式层级等因素会对其产生正向影响（黄继承等，2016；谢辰等，2019；盛明泉等，2016；戴雨晴和李心合，2021；张博等，2021；Chang et al.，2014；武力超等，2017；王晓亮和邓可斌，2020）。

③制度环境

研究表明，公司所处的制度环境会影响融资成本从而导致杠杆率动态调整速度的差异，如市场竞争程度、市场化进程、法律环境、产业政策、融资融券制度、新会计准则等（黄继承和姜付秀，2015；许新亮，2019；姜付秀和黄继承，2011；黄继承等，2014；金桂荣，2016；巫岑等，2019；韩金红和潘莹，2021；黄俊威和龚光明，2019；张博等，2018）。简而言之，公司所处地区的制度与法律体系越完备，相应的市场冲突越少，就越能促进市场交易，调整速度提升也越快。

④宏观经济因素

由于企业资本结构调整成本在很大程度上由宏观经济情况与微观企业特征共同影响，因此，宏观经济情况（如经济周期、宽松货币政策、经济政策不确定性、贸易政策不确定性、经济金融化程度等）会影响资本结构调整成本进而影响资本结构动态调整速度。以往研究指出，资本结构动态调整的速度与程度依赖于当前的宏观经济环境，宏观经济上升时期会导致其速度加快，而经济政策、贸易政策不确定性、经济金融化则会导致其速度放缓（Cook and Tang，2010；闵亮和邵毅平，2012；邹萍，2015；袁春生和郭晋汝，2018；王朝阳等，2018；彭俊超，2021；刘贯春，2019）。

1.2.2　企业并购与资本结构动态调整之间关系的相关研究

（1）企业并购与资本结构动态调整之间关系的理论假说

①债务融资能力增强假说

债务融资能力增强假说认为，企业可能会出于增强债务融资能力的目的进行并购，这种并购带来的结果可能是为企业创造价值，但同时也可能会提高企业财务杠杆水平。企业可以通过并购方式使自身债务处于相对安全的阈值，从而为企业创造一定的价值。已有研究发现，融资是企业开展并购活动的重要驱动力（Erel et al.，2015），企业可以通过并购重组构建内部资本市场，有效配置存量资金，进而缓解企业融资约束（葛结根，2017）。Galai and Masulis（1976）研究发现，合并后的公司普遍能够降低自身风险，而这种风险降低主要表现为并购会增加企业现有债务的价值，从而增强融资能力。但是，又由于共同保险效应的作用，合并后公司的总价值基本不会发生明显变化，因此，企业合并在增加债务价值的同时，也有可能降低权益价值。Ghosh and Jain（2000）实证研究发现，企业并购后财务杠杆水平会显著提高，同时他们也发现，与目标公司和收购公司合并前的债务能力相比，收购公司合并后的债务能力有所增强，因此，他们认为，企业财务杠杆的增加有一部分来源于并购导致的企业债务能力的增强。Harford et al.（2009）发现，就现金并购交易而言，收购年度内杠杆率偏差的变动与净债务发行密切相关，企业杠杆率偏差增加的大部分原因是新发行的债务，而在通过债务融资实现的大规模收购之后的年份中，杠杆率偏差的下降在一定程度上是由于公司在此期间清偿的债务超过了它们发行的债务。Ang et al.（2019）发现，支付给目标公司的并购溢价不仅取决于收购者杠杆过度的程度，而且取决于并购交易如何影响目标公司的资本结构和债务融资能力，而过度杠杆收购者为了增强并购后的债务融资能力通常支付了更高的溢价，债务融资能力的增强会提高收购方的企业价值。

②共同保险假说

共同保险假说认为，由于资本规模、主营业务、行业环境等存在差异，导致不同企业所面临的经营风险有着明显的区别，如果企业在开展并购活动前选择与自身经营风险不同并且无关联关系的目标企业进行合并，那么，合并则有可能会使得企业所面临的经营风险显著降低。这是因为，合并后两家公司的现金流能够共同为其提供债务担保，从而降低企业陷入财务困境甚至最终破产的可能性，Kim and McConnell（1997）将其称为共同保险效应。此外，企业通过并购活动组成联合体，联合后企业价值的波动性比合并前各自独立时稳定，而并购后企业价值波动性的减小会进一步减少企业发生债务违约的可能性，同时也会降低企业的债务融资成本（Murphy and Nathan，1989）。Agyei-Boapeah et al.（2018）认为，由于不同（相同）行业的公司之间的现金流量正相关关系较弱（较强），因此，向不同（相同）行业多元化投资的公司的共同保险收益应该较大（较小），并且由于共同保险效应而增强的现金流量稳定性可能会转化为融资优势，即企业融资能力的提高。Erel et al.（2015）认为，在并购之后，原先陷入财务困境的公司则会倾向于减少自身所持有的现金，用于扩大投资。基于上述分析可以看出，共同保险效应所带来的好处主要体现在被收购方这一侧，并且共同保险假说虽然解释了并购会给债权人带来一定的收益，但没有直接解释这是否也会对并购公司的股东产生有利影响。共同保险可能带给股东的好处之一是，企业破产风险降低会使得企业债务融资成本降低，从而增强企业债务融资能力。于是，并购后的公司可以通过发行债券的方式进行融资，所产生的利息能够减轻企业承担的税务压力，从而为股东们创造福利。Ahmed and Elshandidy（2018）通过研究发现，根据共同保险理论，企业参与海外收购是实现全球多元化的一种手段，即杠杆过度偏离目标水平的公司很有可能通过海外并购的方式来缓解融资约束，减少债务违约风险。

③资本结构动态调整假说

资本结构动态权衡理论认为，企业资本结构不仅存在目标水平，而且当实际资本结构偏离目标水平时，企业会采取相应的融资政策将资本结构调整至目标水平（Flannery and Rangan，2006；Harford et al.，2009；Huang and Ritter，2009）。而企业并购是企业资本结构实现动态调整的重要手段之一。

一方面，企业可以通过并购交易及并购融资政策的选择来将自身资本结构调整至最优水平（王逸等，2015）。当并购公司的资产负债率高于目标水平时，并购公司更倾向于选择股权融资并购而非债务融资并购（Harford et al.，2009）。Tao et al.（2017）以中国上市公司并购交易作为研究对象，通过使用Tobit回归模型预测并购公司的最优杠杆率，对目标杠杆率偏差进行估计，跟踪实际杠杆率偏离最优杠杆率的程度，实证结果表明，并购方的资本结构在交易前偏离了最优水平，而收购方通过并购交易有效减少了杠杆率偏差，并且企业的实际杠杆率在收购之后的长期一段时间内收敛到了最佳水平。

另一方面，企业资本结构动态调整行为会影响企业并购决策、并购融资政策选择以及并购绩效。首先，资本结构动态调整需求会影响企业并购决策。存在杠杆偏离的企业对自身资本结构进行动态调整的需求更为明显，过度杠杆或杠杆不足的公司很可能会基于资本结构动态调整的动机而选择进行并购交易，通过并购活动扭转杠杆偏离（Uysal，2011）。其次，资本结构动态调整会影响企业的并购融资政策选择。因为不同的并购融资方式对企业资本结构的调整速度和方向的影响效应有着明显的差异，所以，为了能够更快地调整企业现有资本结构水平，企业在并购过程中会基于自身的调整需求而选择不同的融资方式。当并购企业实际杠杆水平相对较高时，由此产生的债务融资约束会导致企业在并购交易中选择债务融资方式的可能性较小，而选择股票融资方式的可能性较大（Martynova and Renneboog，2009）。最后，资本结构动态调整行为还会产生治理效应和融资效应，进而影响企业并购绩效（Ang et al.，2019）。

（2）目标资本结构影响企业并购的经验证据

①目标资本结构对并购决策的影响

学者们主要基于资本结构动态权衡理论考察了目标杠杆偏离对并购决策、并购成功可能性以及并购类型的具体影响。这种影响主要表现为三个方面：

首先，目标杠杆偏离可能会直接限制企业的并购决策。过度杠杆（实际杠杆高于目标杠杆）会导致企业面临较高的财务困境风险和较大的财务约束，从而负向影响企业并购决策与并购规模（Alexandridis et al., 2020）。Morellec and Zhdanov（2008）发现，过度杠杆企业由于存在融资约束因而丧失并购竞价机会。Uysal（2011）研究发现，企业目标杠杆偏离降低了其发起并购交易的可能性，缩小了并购交易规模，而且目标杠杆偏离对并购决策的影响效应呈现非对称性，即过度杠杆对企业并购决策存在显著负向影响，而杠杆不足对并购决策不存在显著影响效应。这说明，由于实际杠杆高于目标水平的企业通常面临更高的财务困境风险和更大的财务约束，并且会对企业再融资造成不利影响，从而导致企业开展并购活动的可能性显著降低。当然，为了减弱过度杠杆的负向影响，过度杠杆企业会通过降低负债水平和发行股票将实际杠杆调整至目标水平。与此类似，Hu and Yang（2016）通过对企业杠杆水平与跨国并购交易行为展开研究发现，杠杆较高的企业并购外国目标企业的可能性相对较小。刘钊等（2014）研究发现，过度负债的国有企业较少进行并购，即使并购也会选择更能创造价值的目标企业。

其次，目标杠杆偏离可能会降低企业并购成功的可能性。杠杆偏离会在一定程度上影响企业并购，但是企业也可以通过提升自身能力来缓解杠杆偏离所带来的不利影响。Teece et al.（1997）提出，杠杆偏离会影响企业的并购成功率，进而影响企业并购决策，但杠杆偏离对并购成功率的影响程度主要取决于企业自身的内部能力，如管理技能、组织文化、技术诀窍和创新，这些企业特质不仅是竞争优势的来源，同时也是使并购成为真正的增值战略的关键因素。Morellec and Zhdanov（2008）则认为，过度杠杆企业发行新债券的高财务困境成本也会直接制约它们赢得收购竞标的可能性。由于过度杠杆的收购方在发行债务方面存在约束，因此，过度杠杆不仅影响企业并购的可能性和完成程度，而且降低收购要约中的现金部分百分比（Hu and Yang, 2016）。Agyei-Boapeah et al.（2018）认为，偏离（无论高于还是低于）最佳杠杆都可能与融资约束相关，而融资约束又可能直接限制企业进行并购的能力，但杠杆偏离对收购产生的负面影响会被企业的现有能力所减弱。Alexandridis et al.

（2020）认为，偏离最佳杠杆与完成收购的可能性、交易规模以及融资方式选择密切相关。

最后，目标杠杆偏离企业通常会更倾向于进行多元化并购（即跨行业收购和跨国收购）。Agyei-Boapeah et al.（2018）发现，企业极端偏离最佳杠杆率（即杠杆偏差）可能是一种低效的管理行为，因为一家企业偏离最佳财务杠杆可能会阻碍其未来进行扩张的能力，同时也会在一定程度上阻碍其并购计划的启动和成功实施，同时还发现存在杠杆偏差的企业也会更倾向于实行多元化收购。基于共同保险理论，Ahmed and Elshandidy（2018）实证研究发现英国企业在做出海外收购决策时通常考虑了其目标杠杆水平，并且还发现如果企业过度偏离目标杠杆水平则会影响企业进行海外并购投资的可能性和规模，过度杠杆企业更有可能在全球范围内进行多元化并购，因为海外多元化并购有利于降低企业财务困境风险和融资约束，从而为股东创造价值。

②目标资本结构对并购支付方式选择的影响

根据资本结构动态权衡理论，目标资本结构的存在会驱动企业对实际杠杆水平进行调整，而作为企业重大投资行为的并购交易，由于对价金额巨大，其对价支付所引起的融资行为必然会对企业资本结构产生重要影响，因此企业可能会借助并购交易契机，通过在并购过程中根据企业资本结构水平选择相应的并购支付方式促进资本结构的调整优化和并购价值创造。以往研究发现，现金对价并购的现金通常来自债务融资，导致企业杠杆率上升和杠杆率偏离显著增加（Harford et al.，2009）。因此，过度杠杆企业选择现金支付并购对价的可能性较小。企业并购支付方式选择行为的资本结构动态调整动机也得到了经验证据的支持，Harford et al.（2009）研究发现，企业并购支付方式选择行为进一步支持了企业存在目标资本结构的观点，即目标资本结构对企业并购支付方式选择存在重要影响效应，并且企业杠杆率偏差与并购对价中现金支付的比例显著负相关。进一步地，Uysal（2011）以及 Alexandridis et al.（2020）均认为，目标资本结构不仅对并购决策存在影响效应，而且对并购支付方式选择产生影响，研究发现，过度杠杆不仅降低了企业并购的可能性，而且降低了并购对价中现金支付的可能性。Huang et al.

(2012)以及 Vermaelen and Xu(2014)也得到了一致的研究结论。目标资本结构偏离对现金支付方式产生显著负向影响的研究结论得到了基于中国资本市场并购交易数据的经验证据支持,国内学者基于中国上市公司并购交易数据的研究发现,并购支付方式选择同样受到目标资本结构的重要影响,其行为也符合资本结构动态权衡理论(李井林等,2017)。赵息和孙世攀(2015)以及刘俊毅和白彦(2018)研究发现,我国资本市场企业目标杠杆偏离对并购支付方式的选择行为发挥重要作用,企业杠杆赤字越高,采用现金对价并购的可能性越小。其原因在于,当并购企业实际资本结构高于其目标水平时,并购企业会面临较大的融资压力和财务风险,从而限制并购企业债务融资行为,进而限制并购企业通过债务融资筹集现金来支付并购对价(赵子坤,2017)。

③目标资本结构对并购融资方式选择的影响

实际资本结构与目标资本结构的偏离程度是影响企业选择债务融资还是股权融资的重要因素之一(Hovakimian,2001),其主要原因在于,杠杆过高的公司很有可能会以相对较高的资本成本为其投资提供资金,因此导致企业很可能面临外部融资约束,这反过来又可能会限制企业的投资行为(Agyei-Boapeah et al.,2018)。因此,企业会根据自身资本结构水平选择相应的融资方式来调整优化其资本结构。就资本结构对并购融资方式选择的影响效应而言,以往的研究文献在考察资本结构对并购融资政策的影响时通常会将并购支付方式视同并购融资方式,从而导致得出的研究结论普遍忽视了对于并购融资方式的关注。然而,事实上,企业并购对价支付通常需要通过不同的融资方式来实现。正因如此,Martynova and Renneboog(2009)在考察并购融资政策的影响因素时,较早构建了嵌套Logit模型以有效检验并购支付方式对并购融资方式选择的影响。在此之后,学者们在考察并购支付方式与并购融资方式的影响因素与经济后果时逐渐开始对两者进行有效区分。目前,已有大量研究普遍认为,当企业实际资本结构偏离其目标水平时,过度杠杆的并购企业选择股权融资方式的可能性更大,而杠杆不足的并购企业选择债务融资方式的可能性更大。即目标资本结构会对并购融资方式的选择产生重要影响,并购企业通常会根据实际的资本结构水平利用并购机会选择相应的融资政策进行资本结构动态调整（Harford et al.，2009）。李井林等（2015）、李井林（2017）以及赵息和陈佳琦（2018）均研究发现，目标资本结构对企业并购融资方式选择行为存在显著的影响效应，相比杠杆不足的并购企业，过度杠杆的并购企业选择股票融资方式的可能性更大。

④目标资本结构对并购绩效的影响

目标资本结构偏离不仅影响企业并购能力，而且影响企业并购质量。目前已有文献研究发现，过度杠杆企业发起了价值创造的并购交易（Uysal，2011）。

一方面，从代理成本观来看，根据自由现金流假说，拥有大量自由现金流的公司更有可能进行低收益甚至价值毁损的并购交易（Jensen，1986），虽然较高的杠杆水平在一定程度上限制了企业的增长机会和融资能力，但与此同时也降低了自由现金流的代理成本，而债务作为一种有效的内部控制机制，又会对企业的投资活动发挥一定的监督作用，从而促使融资受限的过度杠杆企业的管理者更加专注于最有价值的投资机会，因而在选择并购目标时更加谨慎（Alexandridis et al.，2020）。

另一方面，从债务融资能力观来看，根据共同保险理论，过度杠杆企业通过并购交易不仅缓解了融资约束程度，而且降低了财务困境风险，因而增强了自身的债务融资能力（Ahmed and Elshandidy，2018）。Ghosh and Jain（2000）以及 Ang et al.（2019）将过度杠杆企业的并购价值创造归因于企业通过并购交易增强了债务融资能力，而增强的债务融资能力反过来又能为企业未来有价值的投资机会筹集必要资金。

（3）企业并购影响资本结构动态调整的经验证据

①并购决策与资本结构动态调整

企业资本结构是否存在动态调整行为？作为企业重大投资行为的并购将企业的融资与投资行为有效地结合在一起，因而为检验资本结构动态权衡理论提供了一个良好的实验场景。目前已有研究普遍认为，大多数企业会基于资本结构动态调整的需求进行并购决策，并根据当前的资本结构水平选择合适的目标公司、并购支付方式与并购融资方式，从而实现资本结构动态调整优化的目的，即企业并购行为通常具有资本结构动态调整行为动机。虽然已有研究表明，目标杠杆偏离可能会直接限制企业并购决策与并购规模，这是因为过度杠杆不仅会限制企业的债务融资能力，而且很有可能会使得企业面临较高的财务困境风险和融资约束。然而，一方面，企业通过并购构建内部资本市场和扩展社会关系网络，由此产生的资源效应和信息效应缓解企业的融资约束（郑文风和王凤荣，2018），从而增强并购企业融资能力（Erel et al.，2015；葛结根，2017）；另一方面，为了缓解过度杠杆对并购决策的负向影响效应，过度杠杆企业会在并购前通过股权融资的方式降低其杠杆赤字，从而将资本结构调整至目标水平（Uysal，2011）。王逸等（2015）研究发现，并购是企业缩小现有资本结构与其目标水平差距的有效手段，也是调整优化资本结构的重要契机，并且这种效应对于过度杠杆企业而言更为明显。Tao et al.（2017）研究发现，并购企业不仅存在目标资本结构，并且大多数企业会利用并购来减少交易前实际资本结构与目标资本结构之间存在的偏离。Khoo et al.（2017）研究发现，并购企业不仅存在目标杠杆，而且当并购企业产生过度杠杆或杠杆不足时，它们会以更快的速度对其资本结构进行调整以趋近目标水平。进一步地，Hu and Yang（2016）研究发现，企业普遍存在通过并购交易进行资本结构动态调整的行为，主要表现为过度杠杆的并购企业会在并购后通过股权融资的方式对其资本结构进行动态调整，而杠杆不足的并购企业则会在并购后通过债务融资的方式对其资本结构进行动态调整。

②并购融资政策对资本结构动态调整的影响

以往研究发现，并购将会使企业实际资本结构水平、目标资本结构水平以及两者的偏离程度均产生一定的变化；企业并购决策通常包含资本结构动态调整动机（Harford et al.，2009）；并购企业将根据自身资本结构水平选择相应的并购支付方式与并购融资方式进行资本结构动态调整；并购支付方式的选择也将直接影响并购融资方式的选择，而并购融资方式则会直接影响并购企业资本结构的变化。Murphy and Nathan（1989）研究发现，并购支付方式选择会对资本结构与其目标水平的偏离产生重要影响，并购企业如果采用现金支付并购对价会提高企业的资产负债率，相反，如果采用股票支付并购对价则会导致该比率下降。Harford et al.（2009）研究发现，现金对价并购交易通常由债务融资筹集资金而导致过度杠杆，然而由于存在破产风险，并购企业会在并购后显著降低其债务水平，他们还发现现金对价（债务融资）并购企业管理者通常会积极采取措施，将资本结构调整至目标水平，在并购后5年内调整了超过75%的由并购交易所引致的目标杠杆偏离。赵息和吴小贞（2013）研究发现，企业存在目标资本结构，大多数企业会通过并购与并购支付方式将资本结构调整至目标水平，而且无论企业是采用现金对价并购还是股票对价并购，企业并购后的资本结构与目标水平的偏离程度均有所降低。Vermaelen and Xu（2014）指出，说服目标公司股东接受股票对价并购的基本经济理由之一在于，并购企业之所以选择股票支付方式，是因为其资本结构动态调整的需要而非利用股价高估进行市场择时。Khoo et al.（2017）研究发现，并购会导致企业实际资本结构偏离目标资本结构；与目标资本结构的偏离程度越大，企业资本结构动态调整速度就越快；杠杆率提高（降低）的并购交易公司会调低（提高）其杠杆率，采取现金对价并购（债务融资）与股票对价并购（权益融资）的公司会在并购当年通过调整目标杠杆偏差的22%至62%的幅度来重新平衡其杠杆水平。

1.2.3 文献综述

作为公司理财两大经典话题，学术界对资本结构与企业并购之间的关系进行了深入细致的研究，逐渐形成了以债务融资能力增强假说、共同保险假说、资本结构动态调整假说为代表的理论假说，并且学者们也分别从不同的研究视角对两者之间的内在关系进行了理论阐释。在此基础上，学者们对于资本结构与企业并购之间存在的相互影响效应也展开了充分的研究，并得到了大量的经验证据和研究成果。综合来看，目前已有文献研究发现企业并购与资本结构动态调整之间存在相互影响，两者内生交融在一起，即企业并购对资本结构动态调整存在着显著的促进效应，并购企业通过并购融资政策选择促进企业将资本结构调整至目标水平，而目标资本结构偏离也对并购决策、并购融资政策以及并购绩效存在显著的影响效应。

第一，关于目标资本结构存在性存在争议。首先，关于企业资本结构是否存在目标水平及动态调整行为，动态权衡理论、优序融资理论以及市场择时理论等主流资本结构理论的主要观点存在严重分歧。动态权衡理论认为，企业存在将资本结构向目标水平动态调整的行为，即当实际资本结构偏离目标资本结构时，企业会实施相应的融资行为来消除目标偏差。而优序融资理论、市场择时理论则认为资本结构的变动是由各种融资工具的融资成本差异和市场择时所导致的。其次，学者们在检验企业是否存在针对资本结构的动态调整行为时所普遍采用的模型主要为离散因变量选择模型以及局部调整模型。最后，大多数学者认可目标资本结构的存在性，有多种因素能解释资本结构的波动情况，公司财务特征、公司治理、制度环境、宏观经济因素等对调整成本的影响导致了调整速度的差异。虽然现有研究已初步形成理论体系，然而现有理论对资本结构某些现象的解释仍然乏力，并且研究表明单一的资本结构动态权衡、优序融资以及市场择时模型存在着显著缺陷（DeAngelo et al.，2010；李井林，2014），因此，未来还需要在以下几个方面进行深入研究：其一，结合动态权衡理论、优序融资理论、市场择时理论构建统一的资本结构理论检验模型。以往的实证研究往往将动态权衡理论与优序融资理论、市场择时理论等视为截然相反的观点，然而，动态权衡理论与优序融资理论、市场择时理论并不一定是对立的，而且三种理论均对资本结构变化具有一定的解释力。因此，未来研究需要构建同时考虑动态权衡变量、优序融资变量以及市场择时变量的统一的模型，同时检验三种理论对资本结构变化的解释力，以控制单一资本结构模型存在的固有缺陷。其二，多角度研究中国上市公司资本结构优化问题。目前的研究多为单因素对企业资本结构调整的影响，事实上，资本结构的调整速度及调整成本受到公司治理、行业竞争和宏观经济等多层次因素的双向影响。另外，中国资本市场起步较晚，在对中国上市公司行为进行考察时，还应该将其置于中国金融制度的宏观背景下去考虑，因此，有必要基于公司、行业和制度等多角度对中国上市公司财务杠杆的优化问题进行深入研究。其三，依据现阶段研究构建资本结构优化机制。资本结构动态调整的最终目的是实现公司价值，因此，未来应在分析其决定因素、调整速度、方式以及效应的基础上，进一步探究资本结构动态调整优化机制，建立科学、合理的资本结构优化体系。

第二，企业并购为检验资本结构理论提供了天然的检验场景。企业并购将企业投资行为与融资行为有机融合在一起，为学者们基于企业并购活动的支付与融资方式选择行为实证检验资本结构理论提供了天然的场景。国内外学者通过对目标杠杆偏离企业在并购活动中采用的并购支付与融资方式进行研究，发现过度杠杆企业倾向于选择股权支付与融资方式进行并购，而杠杆不足企业倾向于选择现金支付与债务融资方式进行并购，即目标资本结构在企业并购支付与并购融资方式选择行为中发挥着极其重要的作用，企业会根据资本结构水平选择并购支付与并购融资方式，以便将资本结构调整至目标水平，从而达到消除目标杠杆率偏差的目的。并购融资政策选择行为具有资本结构动态调整动机，遵循了资本结构动态权衡理论。

第三，企业并购与资本结构动态调整相互影响。就目标资本结构偏离对企业并购的影响效应而言，企业实际资本结构相较于目标资本结构的偏离程度决定着企业当前面临的财务困境风险和融资约束程度，促使企业对并购决策、并购支付与并购融资方式的选择做出慎重决策，进而使得企业就是否发起具有价值创造作用的并购交易权衡最优。一方面，已有研究发现，过度杠杆不仅会抑制企业并购决策，而且会降低并购成功的可能性，促进企业发起多元化并购，但由于过度杠杆存在治理效应与融资效应，会促使企业发起价值创造的并购交易。另一方面，并购企业会根据其资本结构与目标水平的偏离程度选择相应的并购支付方式与并购融资方式对资本结构进行动态调整，如杠杆不足的并购企业选择现金支付方式和债务融资方式的可能性更大，而过度杠杆的并购企业则相反。就企业并购对资本结构动态调整的影响效应而言，一方面，在理论研究上，已有研究发现企业并购存在资本结构动态调整动机，并且企业并购行为引起了自身实际资本结构、目标资本结构以及两者之间偏离程度的变化，企业在并购后随着融资能力的增强会逐渐调整并缩小自身实际资本结构与目标水平之间的偏差，企业通过并购交易加快了资本结构动态调整速度。另一方面，在政策实践上，我国陆续出台的“去杠杆”等相关政策也提出将企业并购重组作为去杠杆、防风险的重要手段之一，换言之，企业对资本结构调整的需求会驱动企业进行并购交易。

1.3 研究思路、内容与创新点

1.3.1 研究内容

本书主要包括以下七部分内容：

第1章　导论。本章首先从选题背景与研究意义方面提出了本书的研究问题，其次从企业资本结构动态调整速度的影响因素以及企业并购交易行为特征与企业资本结构动态调整之间的关系两个方面进行了文献述评，最后分别介绍了研究内容、研究思路以及创新之处。

第2章　企业融资环境及其对并购支付与融资方式选择的影响分析。企业并购融资政策选择行为内生于其所处的国家融资环境，本章首先基于中国上市公司数据分析了股权融资环境和债务融资环境，其次分析了股权融资环境与债务融资环境对企业并购支付方式与并购融资方式选择行为的影响。

第3章　企业资本结构动态调整行为存在性研究。企业资本结构存在动态调整行为是后文检验企业并购对企业资本结构动态调整影响效应、机制以及路径的前提条件。本章基于中国上市公司数据，构建同时纳入动态权衡变量、优序融资变量以及市场择时变量的资本结构局部调整模型，以检验动态权衡理论、优序融资理论以及市场择时理论对资本结构变化的解释力，目的是通过对资本结构动态权衡理论的检验，间接验证企业资本结构动态调整行为的存在性。

第4章　企业并购影响资本结构动态调整的效应研究。在企业资本结构动态调整行为存在性研究假设得到验证的基础上，本章进一步考察企业并购对资本结构动态调整的影响效应，即考察企业并购是否加快了企业资本结构动态调整速度。

第5章　企业并购影响资本结构动态调整的机制分析。在企业并购对资本结构动态调整的影响效应得到验证的基础上，本书进一步从融资约束、企业社会责任与风险承担水平等视角分析企业并购对资本结构动态调整的影响机制。首先，基于“企业并购→缓解企业融资约束程度→促进企业资本结构动态调整”的逻辑，对企业融资约束在企业并购与企业资本结构动态调整之间关系的中介效应进行检验。其次，基于“企业并购→提升企业社会责任表现→促进企业资本结构动态调整”的逻辑，对企业社会责任在企业并购与企业资本结构动态调整之间关系的中介效应进行检验。最后，基于“企业并购→增强企业风险承担水平→促进企业资本结构动态调整”的逻辑，对企业风险承担水平在企业并购与企业资本结构动态调整之间关系的中介效应进行检验。

第6章　企业并购影响资本结构动态调整的路径分析。在企业并购对企业资本结构动态调整的影响效应及影响机制得到验证后，本章进一步考察企业并购对资本结构动态调整的影响路径，即并购企业如何基于杠杆率状态选择相应的并购支付与融资方式以实现资本结构动态调整。首先，针对杠杆率动态调整对并购融资政策（并购支付与融资方式）选择的影响进行理论分析。将资本结构动态权衡理论、优序融资理论与市场择时理论纳入统一的分析框架，针对杠杆率动态调整对并购融资政策选择的影响进行理论分析。其次，针对杠杆率动态调整对并购融资政策选择的影响进行实证检验。借鉴Hovakimian and Li（2011）以及李井林等（2015）检验企业资本结构动态调整行为的做法，从并购融资政策选择的角度，构建并购支付方式与并购融资方式离散选择模型，利用Logit和Probit回归估计方法，同时检验目标杠杆率、资金缺口与市场择时变量对并购支付与融资方式选择的影响，分析并购企业如何基于杠杆率状态选择并购支付与融资方式，以实现资本结构的动态调整。

第7章　研究结论、政策建议与未来展望。本章首先根据理论分析和实证检验的结果归纳本书的主要研究结论，其次基于研究结论提出具有针对性的政策建议，最后基于本书的研究结论与研究思路，对企业并购与资本结构动态调整之间关系的相关研究问题提出进一步的研究展望。

1.3.2　研究思路

本书的基本思路遵循科学研究的标准模式：提出问题→理论分析→实

证检验→对策建议。第一，在问题提出部分，通过对资本结构动态调整速度的影响因素、企业并购与企业资本结构动态调整之间关系的相关研究进行文献述评，并对我国企业股权与债务融资环境及其对企业并购支付方式与并购融资方式选择行为的影响进行分析，总结现有研究成果的优点和不足，为后续的理论分析和实证检验奠定基础；第二，在理论分析部分，基于资本结构理论、并购理论、利益相关方理论、融资约束理论以及风险承担理论等构建能够合理解释“企业资本结构动态调整行为存在性”“企业并购对企业资本结构动态调整速度的影响效应”“企业并购对企业资本结构动态调整速度的影响机制”“企业并购对企业资本结构动态调整速度的影响路径”的理论框架，并提出具有解释力和预测力的研究假设，为实证研究提供理论指导；第三，在实证检验部分，通过手工收集上市公司数据（来自CSMAR与Wind数据库）等途径搜集整理资本结构、资金缺口、市场择时、并购决策、并购强度、并购融资政策、企业社会责任、融资约束以及风险承担水平等关键指标数据并进行实证度量，在此基础上对企业资本结构动态调整行为存在性、企业并购对企业资本结构动态调整的影响效应、机制以及路径进行实证检验，逐一对所提出的研究假设进行验证；第四，在对策建议部分，根据理论分析和实证检验的结果总结归纳本书的主要研究结论，并基于研究结论提出有针对性的政策建议与未来展望（本书的技术路线如图1-1所示）。

1.3.3 创新点

（1）实现企业并购理论与资本结构理论之间的有效结合

以往研究大多基于企业融资活动检验企业资本结构理论，本书则将企业并购视为企业资本结构动态调整的机会，通过研究企业并购对企业资本结构动态调整速度的影响效应、机制以及路径，系统验证了企业资本结构存在动态调整行为，拓宽了检验资本结构理论的研究思路和视角，实现了企业并购理论与资本结构理论的有机结合。

（2）同时检验资本结构竞争性理论

本书基于企业并购视角分别构建资本结构局部调整模型以及并购支付方式与并购融资方式离散选择模型，并将动态权衡变量、优序融资变量以

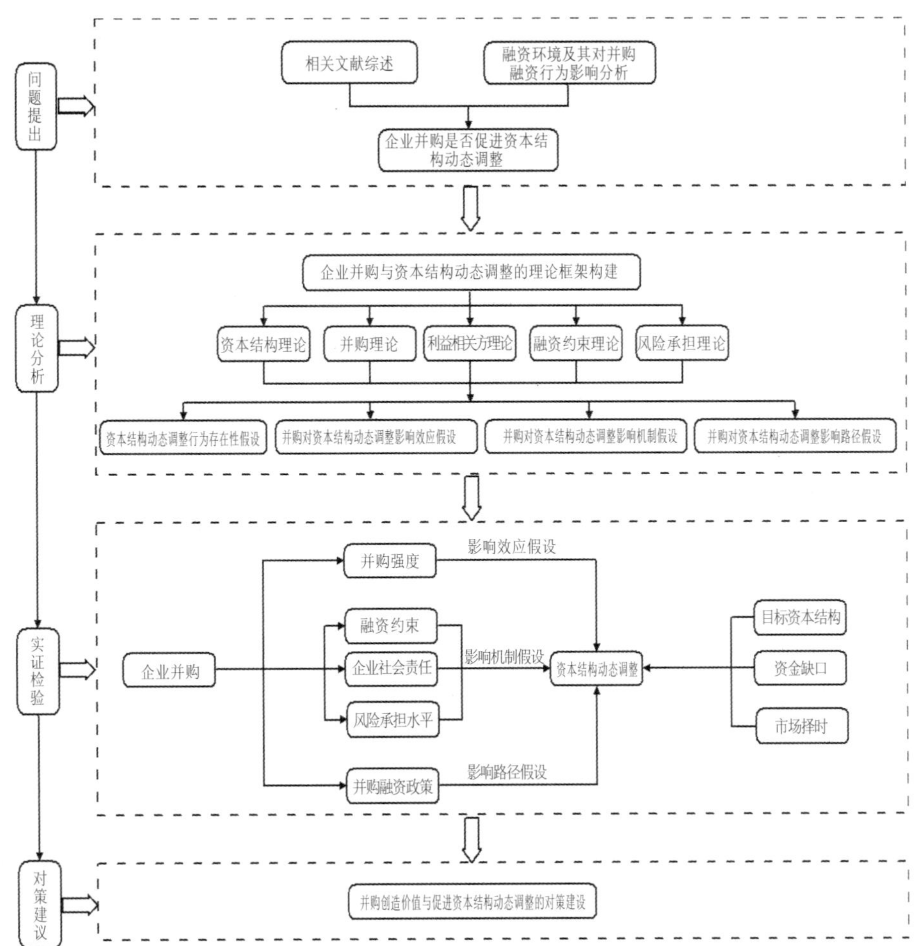

图1-1 技术路线图

及市场择时变量同时纳入模型，对动态权衡理论、优序融资理论以及市场择时理论同时进行检验，控制了单一资本结构理论检验模型的固有缺陷，使得研究结论更为稳健。

（3）基于“效应-机制-路径”结构构建并购影响资本结构动态调整行为的综合分析框架

首先，检验并购对资本结构动态调整行为的影响效应。在企业资本结构动态调整行为存在性假设得到验证的基础上，考察并购是否加快资本结构动态调整速度。

其次，检验并购对资本结构动态调整行为的影响机制。在并购对资本结构动态调整速度存在促进效应得到验证的基础上，从融资约束、企业社会责任与风险承担水平等方面进一步考察并购加快资本结构动态调整速度的具体影响机制。

最后，检验并购对资本结构动态调整行为的影响路径。在并购对资本结构动态调整行为的影响效应及影响机制得到验证的基础上，进一步从并购支付与融资方式选择视角考察并购通过何种路径影响资本结构动态调整行为，即并购企业如何基于杠杆率状态选择相应的并购支付与融资方式以实现资本结构动态调整。

第 2 章
企业融资环境及其对并购支付与融资方式选择的影响分析

2.1 企业融资环境分析

2.1.1 企业股权融资环境分析

1990年11月和1991年4月，上海证券交易所和深圳证券交易所相继成立，标志着我国改革开放后以股权集中交易为主要特征的资本市场诞生。30年来，伴随着股份制和市场经济发展，我国逐渐形成了包括主板、中小板、创业板、科创板、新三板以及区域性股权市场等在内的多层次股权市场体系，为不同类型和不同发展阶段的企业提供了多元化的融资服务，为支持企业做优做强做大、推动经济结构转型升级以及促进经济高质量发展发挥了重要作用。

（1）上市公司数量

从总体情况来看（详见图2-1），1990年至2020年上市公司数量年均增长率为31.28%。其中，1992年的增长率最高，为307.69%，上市公司数量由1991年的13家增至1992年的53家；2013年的增长率最低，为-0.20%，上市公司数量由2012年的2 494家降至2013年的2 489家；近20年，上市公司数量增长基本处于较平稳状态。

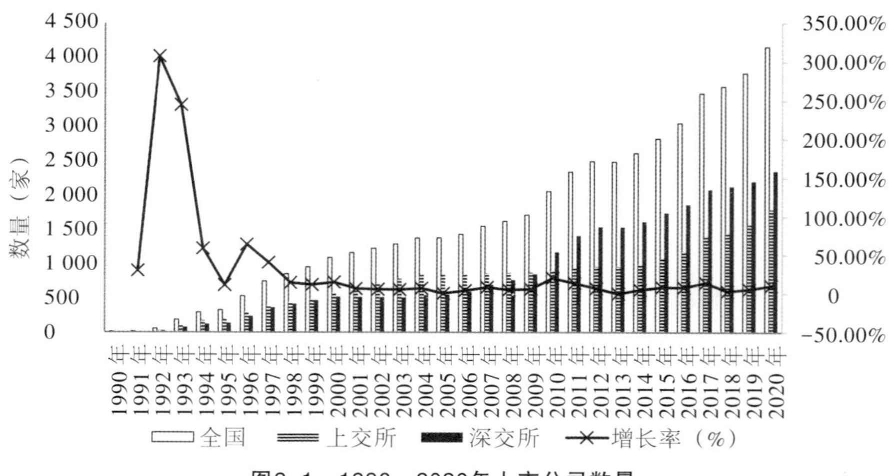

图2-1　1990—2020年上市公司数量

资料来源：上海证券交易所、深圳证券交易所。

从上市公司行业分布来看（详见图2-2），在2019年3 777家上市公司中，制造业上市公司占比62.85%，信息传输、软件和信息技术服务业上市公司占比7.89%，其他行业上市公司占比均不足5%。

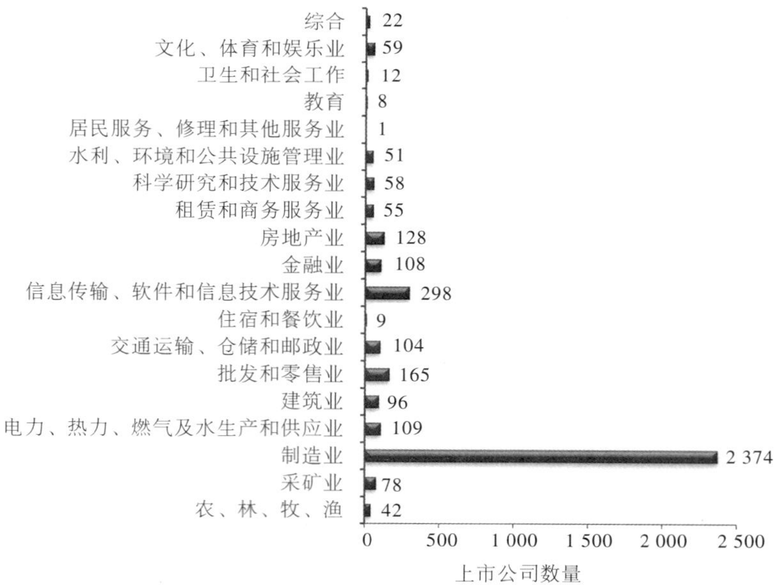

图2-2　2019年上市公司行业分布

资料来源：中国证券期货统计年鉴（2020年）。

从上市公司板块分布来看（详见图2-3至图2-5），30年来交易所股票市场层次不断丰富，服务实体经济能力持续增强。截至2020年年末，沪深两市上市公司合计4 154家，其中，主板2 053家，占比49.42%；中小板994家，占比23.93%；创业板892家，占比21.47%；科创板215家，占比5.18%。交易所股票市场为上市公司累计融资超过15.14万亿元，促进了上市公司的发展壮大。

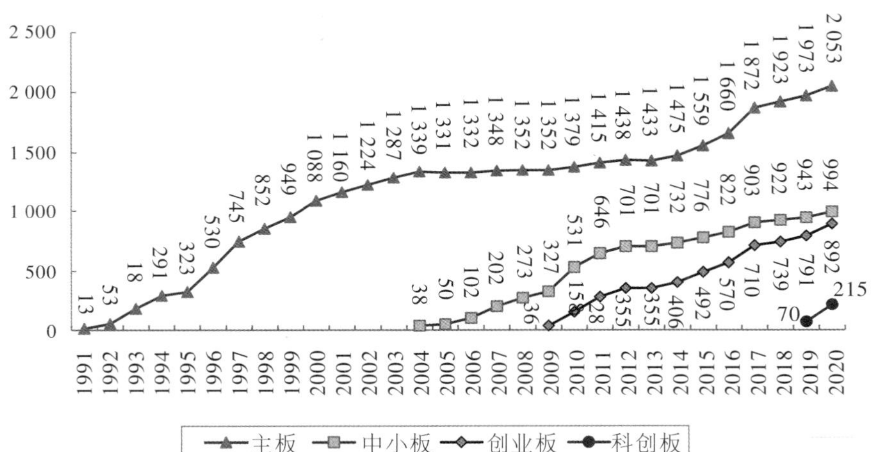

图2-3 上市公司分板块数量

资料来源：中国证监会。

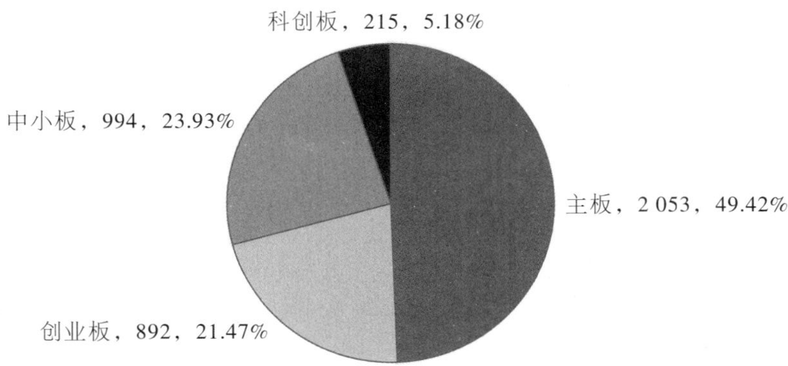

图2-4 截至2020年年底交易所股票市场不同板块上市公司数量及占比

资料来源：中国证监会。

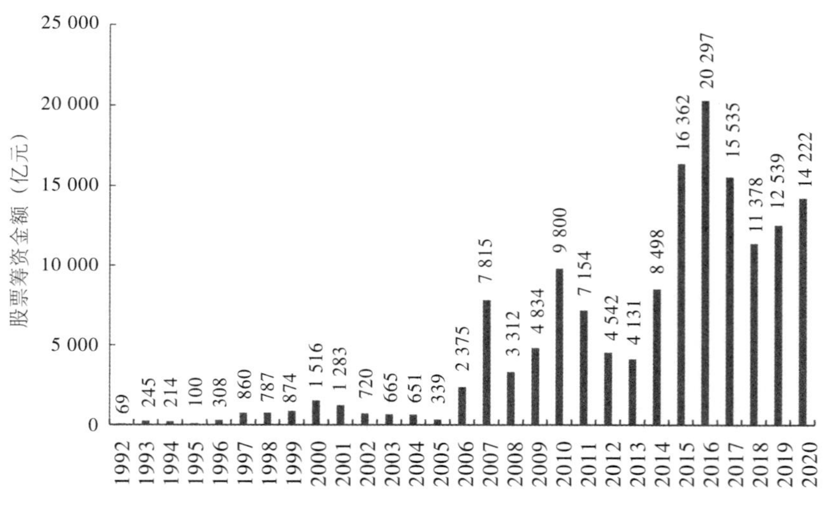

图2-5　交易所股票市场融资年度变化情况

资料来源：中国证监会。

（2）企业股权融资情况

从股权融资情况来看，中国上市公司主要通过IPO、增发、配股、行权、优先股或在境外上市（如H股）进行股权融资。

①企业股权融资总体情况

从境内股票市场筹资情况来看（详见表2-1），1992—2019年，上市公司各年境内股票市场筹资额最低为68.91亿元（1992年），最高为20 297.39亿元（2016年）。在此期间，境内股票市场筹资情况至少经过了三次大的波动，拐点分别在2005年、2008年和2013年，这三个拐点分别与我国2005年开始的股权分置改革、2008年发生的全球次贷危机、2013年我国IPO暂停有关。从各种股权融资方式的筹资情况来看，2005年之前，上市公司股权融资主要通过IPO和配股方式进行；2005年之后，上市公司股权融资主要通过IPO和增发方式进行。

表2-1　**1992—2019年境内股票市场筹资情况**　单位：亿元

年份	境内股票筹资金额					
	首发筹资金额	增发筹资金额	配股筹资金额	行权筹资金额	优先股	合计
1992	68.91	0	0	—	—	68.91

续表

年份	境内股票筹资金额					
	首发筹资金额	增发筹资金额	配股筹资金额	行权筹资金额	优先股	合计
1993	184.83	0	60.19	—	—	245.02
1994	154.44	7.68	51.51	—	—	213.63
1995	42.37	1.16	56.25	—	—	99.78
1996	241.32	0	66.71	—	—	308.04
1997	651.56	0	208.42	—	—	859.98
1998	412.22	30.46	344.76	—	—	787.44
1999	494.71	59.95	318.98	—	—	873.63
2000	862.56	143.73	509.53	—	—	1 515.82
2001	614.03	193.48	430.64	—	—	1 238.14
2002	498.75	164.68	56.61	—	—	720.05
2003	472.42	116.56	76.52	—	—	665.51
2004	361.05	184.71	104.77	—	—	650.53
2005	57.63	278.78	2.62	—	—	339.03
2006	1 341.70	1 028.48	4.32	—	—	2 374.50
2007	4 770.83	2 816.24	227.68	—	—	7 814.74
2008	1 034.38	2 095.68	151.57	30.76	—	3 312.39
2009	1 878.98	2 818.99	105.97	30.40	—	4 834.34
2010	4 882.59	3 394.71	1 438.22	84.28	—	9 799.80
2011	2 824.43	3 878.54	421.96	29.49	—	7 154.43
2012	1 034.32	3 387.07	121.00	0	—	4 542.40
2013	0	3 655.74	475.73	0	0	4 131.46
2014	668.89	6 661.41	137.97	0	1 030.00	8 498.26
2015	1 576.39	12 741.29	36.44	0	2 007.50	16 361.62
2016	1 496.07	16 879.80	298.51	0	1 623.00	20 297.39
2017	2 301.08	12 870.94	162.96	0	200.00	15 534.98
2018	1 378.15	8 421.66	228.32	0	1 349.76	11 377.88
2019	2 489.81	7 365.14	133.88	0	2 550.00	12 538.83
合计	32 794.42	89 196.88	6 232.04	174.93	8 760.26	137 158.53

注：表内数字存在尾差，下同。

资料来源：中国证券期货统计年鉴（2020年）。

从A股上市公司分行业筹资情况来看（详见图2-6），2019年A股上市公司筹资额最多的是制造业，筹资额占当年筹资总额的48.23%；其次为金融业，筹资额占当年筹资总额的28.72%。这表明了在核准制下各级政府在选择上市公司时的政策偏好，同时也反映了中国经济结构依然以制造业为主的现实。

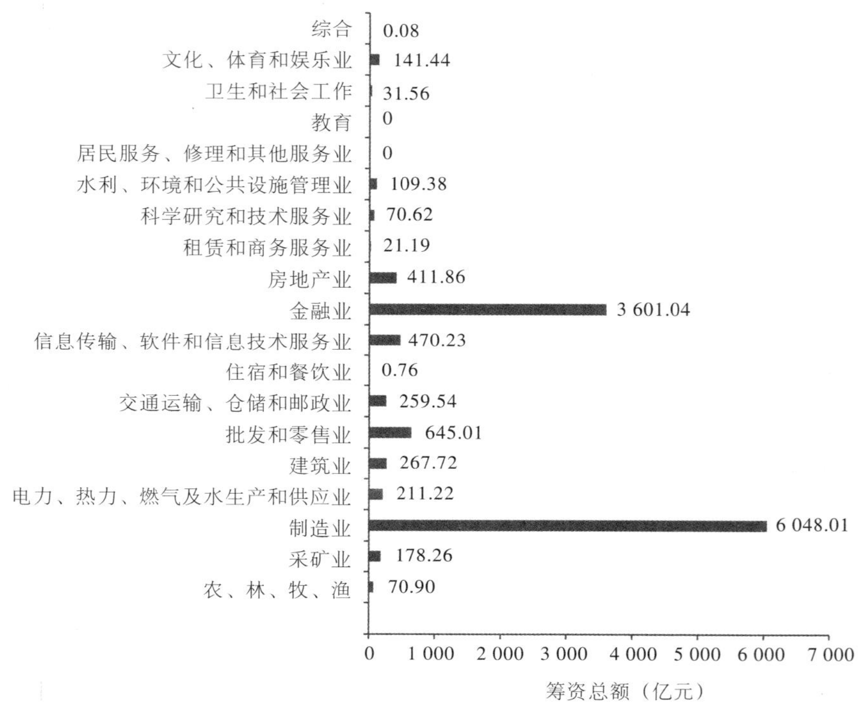

图2-6 2019年A股分行业筹资情况

资料来源：中国证券期货统计年鉴（2020年）。

从A股上市公司分监管辖区的筹资情况来看（详见表2-2），2019年A股上市公司筹资额前六名的地区分别是北京、浙江、湖北、上海、河南、江苏，而青海、海南、西藏、黑龙江、贵州、江西等地区的筹资额较少。A股上市公司分监管辖区的筹资情况从侧面反映了目前中国经济发展水平的地区不平衡状态。

表2-2　　2019年A股分监管辖区的筹资情况

地区	融资总额		地区	融资总额	
	金额（亿元）	占比（%）		金额（亿元）	占比（%）
北京	3 859.67	30.78	广东	404.8	3.23
天津	150.63	1.20	广西	50.63	0.40
河北	150.76	1.20	海南	4.83	0.04
山西	33.4	0.27	重庆	149.54	1.19
内蒙古	87.53	0.70	四川	121.53	0.97
辽宁	40.07	0.32	贵州	25.32	0.20
吉林	70.19	0.56	云南	604.42	4.82
黑龙江	18.28	0.15	西藏	16.28	0.13
上海	806.01	6.43	陕西	101.96	0.81
江苏	650.42	5.19	甘肃	65.76	0.52
浙江	1 018.41	8.12	青海	0	0
安徽	306.61	2.45	宁夏	86.39	0.69
福建	444.12	3.54	新疆	73.24	0.58
江西	29.08	0.23	深圳	576.72	4.60
山东	624.73	4.98	大连	0.32	0
河南	772.19	6.16	宁波	85.82	0.68
湖北	841.5	6.71	厦门	47.48	0.38
湖南	50.5	0.40	青岛	169.67	1.35

资料来源：中国证券期货统计年鉴（2020年）。

②IPO筹资情况

从上市公司IPO筹资板块分布情况来看（详见表2-3），各年度主板上市公司IPO筹资金额占整个IPO筹资金额的绝大部分，2019年主板IPO筹资金额为1 019.66亿元，占比40.95%；2004年设立的中小板为中小企业进入资本市场开辟了重要通道，2019年中小板IPO筹资金额为344.67亿元，占比13.84%；2009年设立的创业板主要服务于成长型创新创业企业，2019年创业板IPO筹资金额为301.21亿元，占比12.10%；2019年设立的科创板主要服务于科技创新企业，2019年科创板IPO筹资金额为824.27亿元，占比33.11%。

表2-3　　1990—2019年股票市场分板块首发筹资情况　　单位：亿元

年份	境内首发筹资金额（IPO）				
	主板	中小板	创业板	科创板	合计
1990	2.11	—	—	—	2.11
1991	1.03	—	—	—	1.03
1992	68.91	—	—	—	68.91
1993	184.83	—	—	—	184.83
1994	154.44	—	—	—	154.44
1995	42.37	—	—	—	42.37
1996	241.32	—	—	—	241.32
1997	651.56	—	—	—	651.56
1998	412.22	—	—	—	412.22
1999	494.71	—	—	—	494.71
2000	862.56	—	—	—	862.56
2001	614.03	—	—	—	614.03
2002	498.75	—	—	—	498.75
2003	472.42	—	—	—	472.42
2004	269.97	91.08	—	—	361.05
2005	28.55	29.09	—	—	57.63

续表

年份	境内首发筹资金额（IPO）				
	主板	中小板	创业板	科创板	合计
2006	1 180.23	161.46	—	—	1 341.70
2007	4 379.92	390.91	—	—	4 770.83
2008	733.54	300.84	—	—	1 034.38
2009	1 251.25	423.64	204.09	—	1 878.98
2010	1 891.51	2 027.73	963.34	—	4 882.59
2011	1 014.01	1 018.95	791.47	—	2 824.43
2012	333.57	349.25	351.49	—	1 034.32
2013	0	0	0	—	0
2014	311.77	197.66	159.45	—	668.89
2015	1 086.9	181.86	307.62	—	1 576.39
2016	1 017.23	221.21	257.64	—	1 496.07
2017	1 376.56	402.68	521.84	—	2 301.08
2018	864.93	226.33	286.89	—	1 378.15
2019	1 019.66	344.67	301.21	824.27	2 489.81
合计	21 460.86	6 367.36	4 145.04	824.27	32 797.56

资料来源：中国证券期货统计年鉴（2020年）。

③企业股权再筹资情况

从上市公司股权再筹资板块分布情况来看（详见表2-4），各年度主板上市公司股权再筹资金额占整个股权再筹资金额的绝大部分，2019年主板股权再筹资金额为7 851.58亿元，占比78.13%；中小板股权再筹资金额为1 582.05亿元，占比15.74%；创业板股权再筹资金额为615.38亿元，占比6.12%；科创板股权再筹资金额为0，这与其于2019年才设立有关。

表2-4　　1992—2019年股票市场分板块再筹资情况　　单位：亿元

年份	境内再筹资金额				
	主板	中小板	创业板	科创板	合计
1992	0	—	—	—	0
1993	60.19	—	—	—	60.19
1994	59.19	—	—	—	59.19
1995	57.41	—	—	—	57.41
1996	66.71	—	—	—	66.71
1997	208.42	—	—	—	208.42
1998	375.22	—	—	—	375.22
1999	378.93	—	—	—	378.93
2000	653.26	—	—	—	653.26
2001	624.11	—	—	—	624.11
2002	221.29	—	—	—	221.29
2003	193.08	—	—	—	193.08
2004	289.47	0	—	—	289.47
2005	281.40	0	—	—	281.40
2006	1 014.99	17.81	—	—	1 032.80
2007	2 986.24	57.67	—	—	3 043.91
2008	2 149.87	128.14	—	—	2 278.01
2009	2 801.88	153.48	0	—	2 955.36
2010	4 597.61	319.60	0	—	4 917.21
2011	3 874.16	455.84	0	—	4 330.00
2012	3 103.15	394.66	10.26	—	3 508.08
2013	3 510.18	536.64	84.64	—	4 131.46
2014	5 987.25	1 501.52	340.61	—	7 829.38

续表

年份	境内再筹资金额				
	主板	中小板	创业板	科创板	合计
2015	10 433.75	3 094.98	1 256.50	—	14 785.23
2016	12 336.78	4 480.96	1 983.58	—	18 801.32
2017	9 226.97	3 033.60	973.33	—	13 233.9
2018	7 726.35	1 573.87	699.51	—	9 999.73
2019	7 851.58	1 582.05	615.38	0	10 049.01
合计	81 069.44	17 330.82	5 963.81	0	104 364.08

资料来源：中国证券期货统计年鉴（2020年）。

从上市公司股权再筹资的方式来看（详见表2-5），其呈现以下特点：第一，股权再融资家次和规模增长迅猛，2019年累计实施再融资434家次，募集资金12 881亿元，较1993年分别增长了近9倍和225倍；第二，股权再融资方式更为多元化，相比1993年相对单一的再融资方式（仅有配股和可转债），2019年的再融资方式包括定向增发、公开增发、配股、优先股、可转债和可交换债；第三，股权再融资以定向增发为主，从2006年开始，股权再融资家数和规模均超过股权再融资市场的一半；第四，配股方式的股权再融资在1993—2019年均有出现；第五，可转债和可交换债方式的股权再融资快速发展。

表2-5　**1993—2019年上市公司再融资市场概况**　金额单位：亿元

年份	定向增发		公开增发		配股		优先股		可转债		可交换债	
	家次	募资	家次	募资	家次	募资	家次	募资	家次	募资	家次	募资
1993					44	52			1	5		
1994			1	8	44	45						
1995					70	51						
1996					34	59						
1997					87	190						

续表

年份	定向增发		公开增发		配股		优先股		可转债		可交换债	
	家次	募资	家次	募资	家次	募资	家次	募资	家次	募资	家次	募资
1998			7	31	147	326			2	4		
1999	1	5	4	43	106	294						
2000			12	117	155	484			2	29		
2001			29	265	116	398						
2002	1	2	25	158	21	53			5	42		
2003			16	110	23	68			14	162		
2004			8	49	23	105			13	213		
2005			6	289	2	3						
2006	48	891	5	42	2	4			6	29		
2007	138	2 586	19	608	7	228			10	107		
2008	106	1 635	34	531	9	152			5	77		
2009	115	2 657	14	251	10	106			6	47		
2010	149	2 994	13	402	18	1438			8	717		
2011	174	3 456	10	289	14	339			9	413		
2012	152	3 214	5	105	6	52			4	157		
2013	264	3 558	6	80	13	476			9	551	1	3
2014	464	6 669	1	4	13	138	5	1 030	12	311	3	56
2015	805	12 123			6	42	12	2 008	3	94	11	134
2016	804	16 643			11	299	12	1 623	12	227	58	573
2017	540	12 705			7	163	1	200	23	603	92	1 232
2018	267	7 524			15	228	7	1 350	78	1 073	38	557
2019	248	6 798	3	90	9	134	6	2 550	106	2 478	62	831

资料来源：中国证券期货统计年鉴（2020年）。

④企业境外股票筹资情况

境外上市外资股（H股）筹资情况表（详见表2-6）列示了境内企业在境外H股上市的历史与现状。截至2020年年底，在境外H股上市的境内股份有限公司净增数量为296家，这些公司筹资总额为3 989.17亿美元（含再融资）。

表2-6　**境外上市外资股（H股）筹资情况（截至2020年12月31日）**

年度	家数			退市家数	净增家数	筹资额（亿美元）
	首次发行	增资发行	可转换债券			
1993	6	0	0	1	5	10.49
1994	11	0	0	3	8	22.34
1995	2	1	0	1	1	3.79
1996	6	1	1	1	5	12.12
1997	17	2	2	2	15	46.85
1998	1	2	0	0	2	4.57
1999	3	0	0	1	2	5.69
2000	5	0	0	0	6	67.90
2001	8	1	0	3	5	8.82
2002	16	1	0	3	13	23.23
2003	18	3	2	2	16	64.92
2004	18	8	1	4	14	78.26
2005	12	12	0	1	11	206.47
2006	23	11	0	4	19	393.48
2007	7	15	1	2	5	126.97
2008	5	6	0	0	5	45.56
2009	6	8	0	0	6	156.36

续表

年度	家数			退市家数	净增家数	筹资额（亿美元）
	首次发行	增资发行	可转换债券			
2010	7	15	0	0	7	353.80
2011	7	6	0	2	5	116.24
2012	10	6	0	2	8	158.75
2013	10	10	0	3	7	174.18
2014	21	17	0	2	19	369.59
2015	36	19	0	5	31	454.47
2016	18	11	2	3	15	245.83
2017	15	18	1	2	13	277.61
2018	17	19	1	0	17	209.75
2019	22	11	0	0	22	135.80
2020	14	13	0	0	14	215.34
合计	341	216	11	47	296	3 989.17

资料来源：中国证券监督管理委员会. 中国资本市场三十年［M］. 北京：中国金融出版社，2021.

图2-7展示了1993年至2019年中国上市公司境外H股股权融资情况。1993年至2004年，中国上市公司H股融资基本呈现增长趋势；2004年至2011年，中国上市公司H股融资情况呈现“M”形变化趋势；2011年至2015年，中国上市公司H股融资持续剧增，2015年融资总额突破7 000亿元；2015年至2019年，中国上市公司H股融资呈现下降趋势。中国企业境外上市有利于完善公司治理，也有助于中国企业同时利用境内境外两个市场、两种资源以获得快速发展。

⑤私募股权投资基金

2009—2019年私募股权投资基金募资情况（详见图2-8）显示，2019

年市场新募基金2 710只，共募集资金12 444.04亿元人民币，同比下降6.6%。其中，早期募资情况与风险投资（VC）机构募资情况同比下降更为显著，募资金额分别下降34.4%和28%；私募（PE）机构募资金额与去年基本持平，新募基金数量下降31.1%。

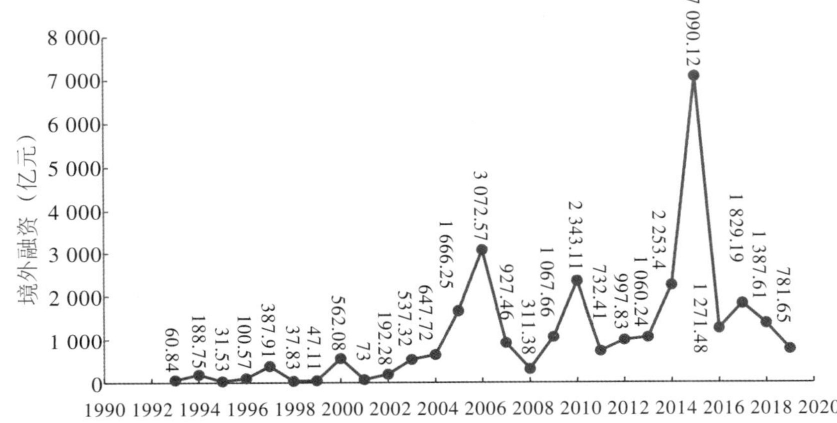

图2-7　境外股票筹资（1993—2019年）

资料来源：中国证券期货统计年鉴（2020年）。

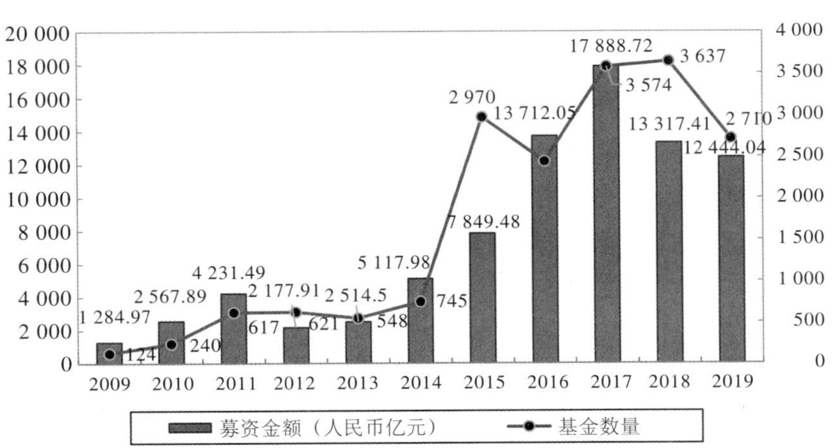

图2-8　2009—2019年私募股权投资基金募资情况

资料来源：清科数据库，2020。

清科研究中心数据显示（详见图2-9），总体来看，中国并购基金数量和募资规模均呈现上升趋势，2010年至2017年中国股权投资市场募集完成986只并购基金，其中，披露募资金额的813只并购基金募资规模超过7 000亿元。

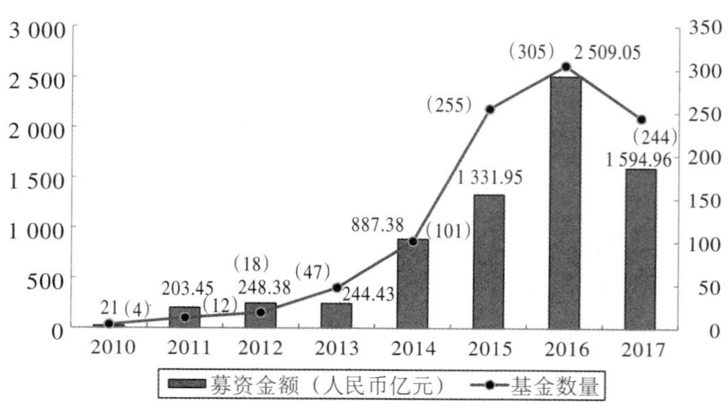

图2-9　2010—2017年中国并购基金募资情况

资料来源：清科研究中心《2017年中国并购基金发展研究报告》。

2.1.2　企业债务融资环境分析

（1）交易所债券市场

图2-10的交易所债券市场历年融资金额情况显示，2007年至2020年，交易所债券市场融资金额总体呈上升趋势，市场容量稳步扩大，累计融资已达32.94万亿元。截至2020年年末，在交易所市场存量债券中，公司信用类债券占61.66%，政府债券占9.23%，金融债券占14.96%，资产证券化产品占14.15%（详见图2-11）。

（2）上市公司银行贷款

上市公司银行借款情况显示（详见图2-12），1990—2020年，上市公司银行短期借款和长期借款金额总体呈上升趋势，累计融资已达112.72万亿元。1990—2008年，上市公司每年的银行短期贷款总额均高于银行长期贷款总额；2009—2020年，除2012年外，上市公司每年的银行长期贷款总额均高于银行短期贷款总额。

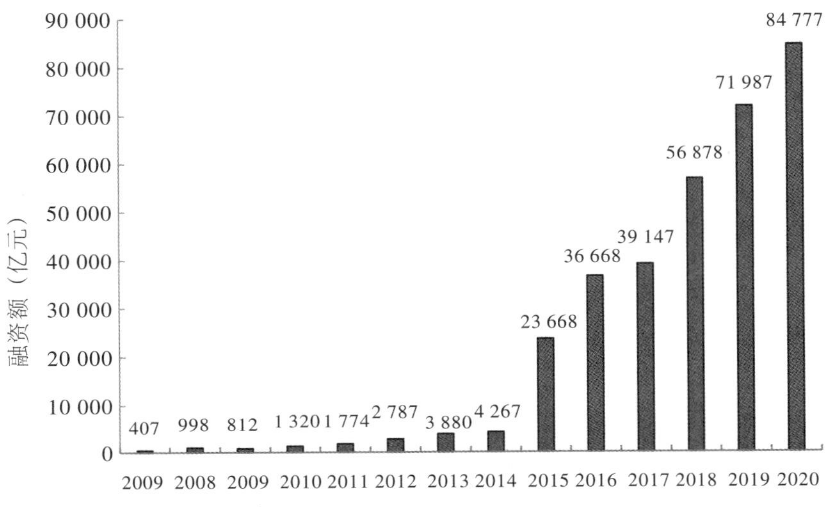

图2-10 交易所债券市场历年融资金额情况

资料来源：中国证监会。

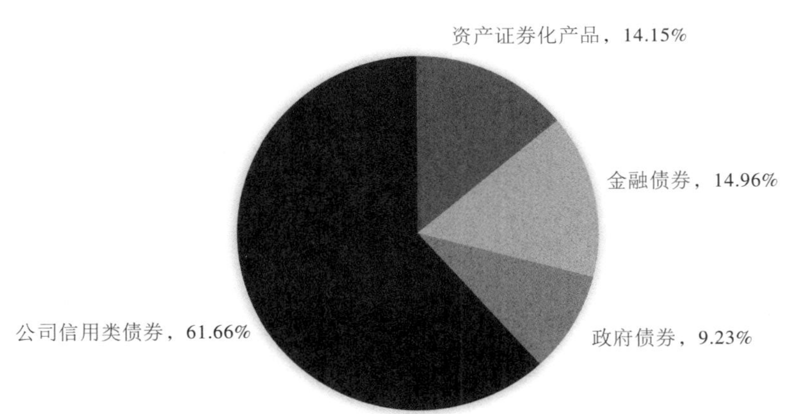

图2-11 交易所债券市场各类券种占比（截至2020年年末）

资料来源：中国证监会。

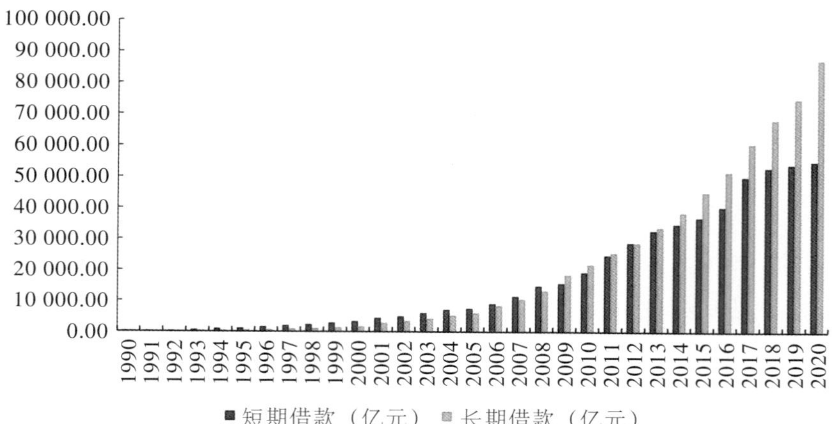

图2-12　上市公司银行借款情况

资料来源：根据国泰安数据库整理。

2.2　企业融资环境对并购支付与融资方式选择的影响

2.2.1　企业并购支付与融资方式的国际经验与中国实践

企业并购融资政策主要包括并购支付方式与并购融资方式选择行为，但国内外企业并购交易的融资方式信息并未给予过多披露。此外，国内外学者通常也将并购融资方式等同于并购支付方式，从而忽视了对并购融资方式选择行为的研究，导致并购融资方式选择行为的研究结论存在偏差（Martynova and Renneboog，2009；刘淑莲，2011；翟进步等，2011）。基于此，本章主要从并购支付方式与并购融资方式选择角度对并购融资政策加以考察。并购支付方式主要包括现金支付方式、股票支付方式以及现金与股票混合支付方式，而并购融资方式主要体现为完成并购对价的资金来源渠道，主要包括自有资金、债务融资（包括银行借款和发行债券）、股权融资以及以上三种独立融资方式的组合（翟进步等，2011）。在国外，很大一部分并购交易是通过现金支付完成的，但是股票支付也相当普遍，世界五次并购浪潮中的第一次和第四次并购浪潮主要采用现金支付方式，第二次、第三次以及第五次并购浪潮主要采用股票支付方式（Faulkner et al.，2012）。而中国上市公司并购支付方式较为单一，现金支付方式是主流，在股权分置改革完成之后，采用股票支付方式完成并购交易对价的案例才逐渐增多。

（1）英国并购交易的支付方式

表2-7显示了1990年至2002年7月英国并购交易中的支付方式情况，从中可以看出，现金支付方式是英国并购交易的主流支付方式，以现金支付方式完成的并购交易案例占比均在40%以上。此外，英国并购交易支付方式选择行为也呈现出市场择时的动机，在市场处于牛市状态的年份，采用股票支付方式完成并购案例占比较高。1972年和1983—1987年的英国股市处于牛市阶段，采用换股并购方式完成的交易案例占比达到或超过50%，而在股市达到顶峰的1987年，这一占比达到60%；在股市大跌的1988年，采用股票支付方式完成的并购案例只占22%（Sudarsanam，2003）。

表2-7 1990年至2002年7月英国并购交易中的支付方式

年份	现金			股票			混合		
	数量	百分比	总价值（$bn）	数量	百分比	总价值（$bn）	数量	百分比	总价值（$bn）
1990	79	66	16.9	9	8	1.7	31	26	8.7
1991	50	53	3.0	18	19	1.4	27	28	7.9
1992	21	42	0.5	9	18	0.4	20	40	8.2
1993	29	48	1.6	8	13	0.5	24	39	1.9
1994	49	58	7.2	11	13	0.5	25	29	2.6
1995	52	47	16.1	21	19	17.1	38	34	32.7
1996	54	47	15.7	27	23	11.8	35	30	11.2
1997	80	59	18.6	28	21	20.1	27	20	6.4
1998	121	65	32.7	28	15	26.9	36	19	21.2
1999	141	64	49.9	31	14	8.4	48	22	85.9
2000	109	66	44.1	29	18	113.7	26	16	47.4
2001	64	62	20.4	22	21	27.2	18	17	6.9
2002	29	63	1.3	4	9	0.4	13	28	14.8
总计	878	59	228	245	16	230.1	368	25	255.6

（2）英国之外的欧洲其他国家并购交易的支付方式

表2-8是1990年至2002年7月英国之外的欧洲其他国家并购交易中的支付方式情况，可以看出，现金支付方式仍然是欧洲并购交易中采用的主流支付方式。此外，采用混合支付方式的并购案例数占比也较高，同时当并购交易总价较高时，采用股票支付方式完成并购交易的案例数较多（Sudarsanam，2003）。

表2-8　1990年至2002年7月英国之外的欧洲其他国家并购交易中的支付方式

年份	现金			股票			混合		
	数量	百分比	总价值（$bn）	数量	百分比	总价值（$bn）	数量	百分比	总价值（$bn）
1990	56	47	16.8	9	8	13.8	53	45	4.9
1991	71	39	18.2	9	5	5.2	104	57	6.5
1992	99	47	16.3	13	6	4.1	99	47	4.3
1993	105	51	25.5	11	5	7.8	90	44	6.8
1994	102	49	17.1	14	7	3.6	93	44	1.5
1995	155	56	22.6	15	5	12.8	108	39	9.4
1996	151	55	30.5	21	8	43.6	103	37	12.9
1997	147	57	44.9	29	11	62.2	84	32	14.8
1998	171	53	41.8	31	10	92.6	118	37	40.9
1999	280	59	62.9	49	10	203.2	147	31	284.8
2000	267	58	40.7	50	11	90.5	144	31	29.4
2001	196	64	49.2	28	9	11.7	84	27	48.3
2002	80	69	11.8	1	1	0	35	30	0.4
总计	1 880	55	398.5	280	8	550.9	1 262	37	464.9

（3）美国并购交易的支付方式

表2-9是1990年至2002年7月美国并购交易中的支付方式情况，可以看出，与欧洲并购交易中现金支付为主流支付方式不同，美国并购交易

采用股票支付方式与混合支付方式的情况更为普遍，而且相对于现金支付并购案例，采用股票支付方式与混合支付方式完成的并购案例，其并购交易金额普遍更大。

表2-9　　1990年至2002年7月美国并购交易中的支付方式

年份	现金			股票			混合		
	数量	百分比	总价值（$bn）	数量	百分比	总价值（$bn）	数量	百分比	总价值（$bn）
1990	118	38	11.7	53	17	20.6	139	45	25.7
1991	75	26	6.0	76	26	23.0	142	48	14.7
1992	84	28	6.1	93	31	14.7	125	41	15.7
1993	122	34	8.0	110	31	36.3	126	35	59.9
1994	163	33	47.0	173	35	42.0	156	32	50.4
1995	190	35	51.7	199	36	109.3	160	29	73.7
1996	188	32	45.3	195	33	114.0	212	36	148.6
1997	191	26	48.1	277	38	200.9	259	36	197.1
1998	227	29	63.1	298	38	727.7	265	34	279.5
1999	275	35	86.0	245	31	383.8	263	34	537.9
2000	281	41	91.9	193	28	524.5	217	31	473.9
2001	215	41	56.3	136	26	90.8	178	34	204.4
2002	55	45	8.6	18	15	5.9	48	40	11.1
总计	2 184	33	529.8	2 066	32	2 293.3	2 290	35	2 092.8

（4）中国并购交易的支付方式

表 2-10 是 2000—2020 年中国并购市场的支付方式概况。可以看出，现金支付是中国上市公司并购支付方式的主流选择，其占比均在 50% 以上。随着股权分置改革的完成，从 2007 年开始，并购交易中采用股票支付方式的案例也越来越多，中国上市公司并购支付方式选择渐趋多元化。

表2-10　　2000—2020年中国并购市场的支付方式概况

年份	支付方式披露的案例数	现金		股票		其他	
		数量	百分比	数量	百分比	数量	百分比
2000	23	23	100.00	0	0	0	0
2001	28	25	89.29	0	0	3	10.71
2002	22	22	100.00	0	0	0	0
2003	21	20	95.24	0	0	1	4.76
2004	38	38	100.00	0	0	0	0
2005	30	30	100.00	0	0	0	0
2006	29	24	82.76	0	0	5	17.24
2007	106	73	68.87	31	29.25	2	1.89
2008	168	120	71.43	47	27.98	1	0.60
2009	156	109	69.87	44	28.21	3	1.92
2010	98	67	68.37	30	30.61	1	1.02
2011	346	279	80.64	64	18.50	3	0.87
2012	542	446	82.29	95	17.53	1	0.18
2013	681	414	60.79	266	39.06	1	0.15
2014	735	437	59.46	297	40.41	1	0.14
2015	1 143	724	63.34	418	36.57	1	0.09
2016	965	703	72.85	255	26.42	7	0.73
2017	903	744	82.39	159	17.61	0	0
2018	799	664	83.10	128	16.02	7	0.88
2019	693	606	87.45	66	9.52	21	3.03
2020	559	525	93.92	31	5.55	3	0.54
总计	8 085	6 093	75.36	1 931	23.88	61	0.75

注：现金支付方式的并购交易包括现金支付、现金和资产项混合支付以及现金项和承担债务混合支付。股票支付方式的并购交易包括股票支付、现金和股票项混合支付以及股票和资产项混合支付。其他支付方式的并购交易包括资产支付、债券支付、承担债务以及其他支付方式。

数据来源：根据CSMAR并购重组数据库整理。

表2-11列示了中国上市公司并购交易中现金支付方式下的融资方式概况。从中国上市公司现金对价并购交易融资方式所披露的公开信息来看，采用自有资金完成现金对价并购交易为上市公司的主流选择。从2014年开始，上市公司采用债务融资与股权融资方式完成现金对价并购交易的案例越来越多，表明中国上市公司并购交易的融资方式渐趋多元化。

表2-11　　2000—2020年中国并购市场现金支付方式下的融资方式概况

年份	融资方式披露的案例数	自有资金		债务融资		股权融资	
		数量	百分比	数量	百分比	数量	百分比
2000	23	20	86.96	2	8.70	1	4.35
2001	25	25	100.00	0	0	0	0
2002	22	22	100.00	0	0	0	0
2003	19	18	94.74	1	5.26	0	0
2004	38	38	100.00	0	0	0	0
2005	30	28	93.33	2	6.67	0	0
2006	24	23	95.83	0	0	1	4.17
2007	73	69	94.52	2	2.74	2	2.74
2008	120	115	95.83	4	3.33	1	0.83
2009	109	108	99.08	1	0.92	0	0
2010	67	67	100.00	0	0	0	0
2011	279	254	91.04	1	0.36	24	8.60
2012	444	434	97.75	4	0.90	6	1.35
2013	414	382	92.27	2	0.48	30	7.25
2014	437	399	91.30	14	3.20	24	5.49
2015	714	527	73.81	90	12.61	97	13.59
2016	695	527	75.83	103	14.82	65	9.35
2017	738	595	80.62	120	16.26	23	3.12
2018	655	531	81.07	100	15.27	24	3.66
2019	601	531	88.35	55	9.15	15	2.50
2020	525	499	95.05	16	3.05	10	1.90
总计	6 052	5 212	86.12	517	8.54	323	5.34

注：债务融资方式包括贷款、发行债券、贷款与自有资金组合、发行债券与自有资金组合。股权融资方式包括发行股票、发行股票与自有资金组合。

数据来源：根据CSMAR并购重组数据库整理。

2.2.2 股权融资环境对上市公司并购支付与融资方式选择的影响

与西方国家成熟的资本市场相比，尽管中国的资本市场起步较晚，但在改革开放之后中国企业也开始利用并购优化资源配置、提高市场效率以及促进企业发展的资本运营活动。1984年7月，保定市锅炉厂和保定纺织机械厂以承担全部债权债务的方式分别兼并了保定市风机厂和保定市针织器材厂，史称“保定模式”，中国企业并购由此拉开了序幕。20世纪90年代初，随着沪、深证券交易所相继成立，中国上市公司并购重组开始出现。1993年，深宝安举牌收购延中实业，完成首例上市公司并购，因此1993年被称为“中国上市公司并购重组元年”（丁建英，2018）。基于此，我们可以将股权融资环境对企业并购支付与融资方式选择的影响划分为三个阶段：2002年前初级阶段的企业并购支付与融资方式；2002—2005年规范发展阶段的企业并购支付与融资方式；2005年之后的企业并购支付与融资方式（中国证监会，2009）。

（1）初级阶段（2002年以前）的上市公司并购支付与融资方式

①起步时期（1989—1996年）的并购法律环境及其对并购支付与融资方式的影响。就上市公司并购重组的法律环境而言，1989年发布的《关于企业兼并的暂行办法》对企业兼并的各个方面做了较为详细的规定，初步提出了企业兼并的形式，并规定了对被兼并企业资产的评估作价方法。1993年发布的《股票发行与交易管理暂行条例》对要约收购做了规范。1994年发布的《股份有限公司国有股权管理暂行办法》对国有股权转让做了规定。

就上市公司并购重组支付与融资方式而言，1993年以前中国证券市场处于试点阶段，上市公司数量较少，法律制度还很不健全，大量非流通股的存在使得二级市场收购模式主要集中在“三无”板块。1994年以后出现了国有股权转让、外资企业并购、法人股股权协议转让等并购形式。但总体来看，并购规模很小，并购重组采用现金支付方式为主，资产重组的动机主要是通过“买壳”获取融资渠道，重组方和被重组方多为国有企业，以股权划拨为主，并没有从根本上改变上市公司的国有控股性质（刘淑莲，2010）。

②快速兴起阶段（1997—2001年）的并购法律环境及其对并购支付与融资方式的影响。就上市公司并购重组的法律环境而言，1998年颁布的《中华人民共和国证券法》，确立了上市公司协议收购的法律地位，对收购主体放松了限制，提高了举牌临界点的数量规定，从而大大降低了二级市场的收购成本。1999年颁布的《关于实施债权转股权若干问题的意见》，将原来银行与企业间的债权债务关系，转变为金融资产管理公司对企业的股权投资关系。1999年出台的《关于出售国有小型企业中若干问题意见的通知》，强调要采取改组、联合、兼并、出售等多种形式搞活国有小企业。2001年监管部门出台的一系列法律法规成为引发并购重组动机和引导并购重组手段的一条主线。2001年颁布的《关于做好上市公司新股发行工作的通知》引导上市公司通过运用各种并购重组方案来达到净资产收益率的再融资标准。2001年颁布的《亏损上市公司暂停上市和终止上市实施办法》引发了以保上市资格为目的的并购重组。这些被迫进行的并购重组多数由政府行政主导，实质性并购重组少，而报表性并购重组多。2001年发布的《关于上市公司重大购买、出售、置换资产若干问题的通知》则旨在支持上市公司可持续发展的并购重组行为，遏制损害中小投资者利益的并购重组行为。

就上市公司并购重组支付与融资方式而言，从1997年到2000年，证券市场逐步成熟，规模持续扩大，上市公司的重组规模也越来越大，重组模式和手段也日趋丰富。这一时期的并购重组以国有股和法人股的转让为主要并购交易形式，股票增发融资受到监管机构严格限制，现金支付方式成为并购支付方式主流选择。虽然资产重组的主要目标仍然是通过“买壳”上市，获取融资渠道，但已经开始由片面追求利润套现转向注重产业升级以及提升企业竞争力和并购质量。重组方和被重组方多为国有企业，股权从国有企业划转国有企业，并没有从根本上改变上市公司的国有控股性质，因此支付方式以股权直接划拨为主。而如果重组方是民营企业，则多采取现金支付的方式，重组方入主上市公司后，往往通过注入优质资产和剥离劣质资产来提高公司质量，以便恢复再融资资格。

（2）规范发展阶段（2002—2005年）的上市公司并购支付与融资方式

就上市公司并购重组的法律环境而言，2002年，中国证监会、国家经贸委、财政部等部门相继发布了《上市公司股东持股变动信息披露管理办法》、《关于向外商转让上市公司国有股和法人股有关问题的通知》、《利用外资改组国有企业暂行规定》以及《上市公司收购管理办法》，2003年对外贸易经济合作部发布了《外国投资者并购境内企业暂行规定》。这一系列文件对上市公司并购重组的相关重要法律问题进行了较为详细的规定，确立了规范上市公司并购重组的基本法律法规体系，这些规定鼓励上市公司开展实质性并购重组，以发挥证券市场资源优化配置以及价格发现功能。

就上市公司并购重组支付与融资方式而言，虽然市场化并购具备了法律法规基础，但中国证券市场股权分置问题制约了股票支付等证券支付手段在完成并购交易对价的运用，阻碍了资本市场定价功能的发挥。除协议收购外，要约收购也成为并购交易主流的形式，通过并购整合提升企业竞争力的战略并购成为上市公司并购重组的主要动因。受并购监管政策的严格限制，现金支付方式仍为上市公司并购重组支付方式选择的主流。

（3）规范与发展并举的市场化阶段（2005年以后）的上市公司并购支付与融资方式

就上市公司并购重组的法律环境而言，2005年以来，考虑到国有经济布局结构战略性调整和增长方式转变以及证券市场发展的需要，中国证监会发布了一系列法律法规，包括新《证券法》、《外国投资者对上市公司战略投资管理办法》、《关于上市公司股权分置改革试点有关问题的通知》、新《上市公司收购管理办法》、《关于外国投资者并购境内企业的规定》、《上市公司重大资产重组管理办法》和《上市公司证券发行管理办法》，并与其他部门联合发布了《关于上市公司股权分置改革的指导意见》、《上市公司股权分置改革管理办法》，进一步完善了并购重组法律法规体系。在中国证监会的引导、鼓励以及推动下，上市公司并购活动从协议收购，发展到举牌收购、要约收购、定增收购、换股合并等多种并购重组形式，市场化并购重组逐渐代替了政府行政主导的并购重组并成为市场主流；上市公司并购重组也从单纯的资产收购发展到与定向增发相结合的注资活动；此外，上市公司挽救财务危机公司的“输血式”并购重组也向更多地以产业整合为主的市场化实质性战略性并购重组转化，并成为并购重组市场主流（余瑜，2015）。

就上市公司并购重组支付与融资方式而言，股权分置改革的实施和定向增发制度的推出使2005—2006年成为中国资本市场发展的分水岭，中国上市公司并购重组因而被分割成前后两个历史阶段。股权分置改革之前，中国上市公司并购重组主要采用现金支付方式完成并购交易对价；股权分置改革之后，由于证券市场二元股权结构的消失和股票市场全流通制度的施行，上市公司股票充分体现了市场定价，同时在定向增发再融资工具推出的基础上，股票支付方式逐渐成为上市公司并购重组交易的主要支付手段。上市公司的并购重组从单纯的现金支付对价交易，发展到债务承担、资产收购以及股票支付等多种形式，其中，2013年开始的市场化并购浪潮正是以股票支付为基础的。从并购主体类型来看，清科数据库的统计数据显示，私募股权投资基金参与发起的并购交易越来越多，并购对价金额也越来越大（如图2-13和图2-14所示）。当然，现金支付方式仍然是上市公司并购重组支付方式选择的主流（李井林，2014）。

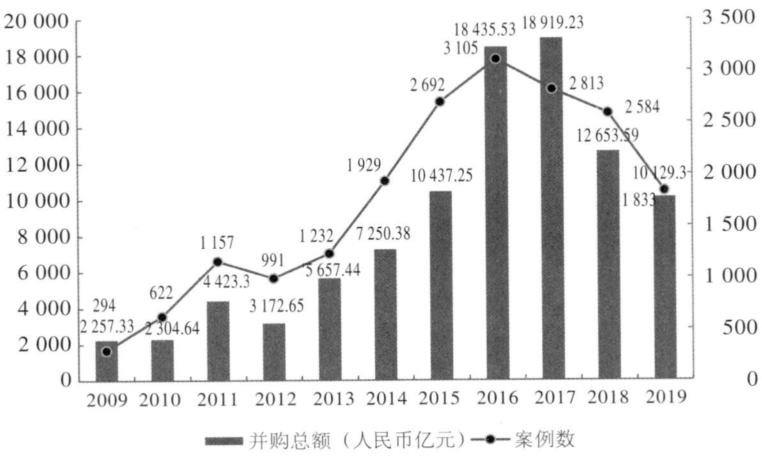

图2-13　2009—2019年中国并购市场发展趋势

数据来源：清科数据库（2020.2）。

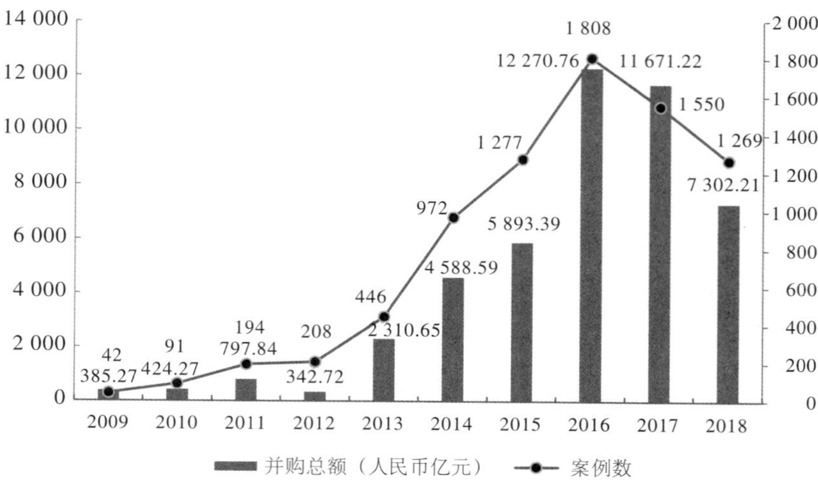

图2-14　2009—2018年中国并购市场VC/PE相关并购发展趋势

数据来源：清科数据库（2019.1）。

2.2.3　债务融资环境对企业并购融资方式选择的影响

（1）银行贷款融资对企业并购融资方式选择的影响

并购贷款通常是企业获取并购融资的主要渠道，根据国际市场经验数据，50%以上的现金对价并购交易的融资资金中有60%以上来自银行并购贷款。中国上市公司并购重组贷款受到市场与监管环境的限制，因而起步较晚，经历了从1996年《贷款通则》的原则性禁止、到2005年银监会的“一事一批”、再到2008年银监会发布的《商业银行并购贷款风险管理指引》有条件放开，最后到2015年银监会修订的《商业银行并购贷款风险管理指引》进一步支持发展的过程。其中，2008年12月，中国银监会发布《商业银行并购贷款风险管理指引》首次明确允许境内企业在并购中使用银行贷款支付并购交易价款，打破了《贷款通则》禁止利用银行贷款进行股本权益性投资的规定。2014年国务院印发的《关于进一步优化企业兼并重组市场环境的意见》，指出引导商业银行在风险可控的前提下积极稳妥开展并购贷款业务。2015年2月，中国银监会对《商业银行并购贷款风险管理指引》进行了修订，将贷款期限从5年延长至7年，贷款金额占并购交易价款的比例从50%提高到60%，将并购贷款担保的强制性规定修改为原则性规定，使得企业获取并购贷款的条件更为宽松。《商业银行并购贷款风险管理指引》等相关政策的出台意味着银行贷款成为企业新型的并购融资方式。

2008年《商业银行并购贷款风险管理指引》出台后，工行、中行、建行、交行、国开行、中信银行、招商银行等银行陆续完成了并购贷款业务流程和内控制度的制定，并开展了并购贷款尽职调查、风险评估、贷款审批、合同签订等一系列工作。截至2009年5月31日，国内主要银行签订的并购贷款合同规模达136亿元人民币和4亿多美元，并购贷款所支持的并购活动交易总规模为近420亿元人民币和8.4亿美元。为便于读者对并购贷款有更全面的了解，我们将2009年市场上的主要并购贷款事件逐月汇总整理，见表2-12。

表2-12　**2009年主要并购贷款事件**

时间	事件
1月6日	中国工商银行北京分行、北京首创股份有限公司、北京产权交易所三方签订了“关于并购贷款合作框架协议”
1月20日	国家开发银行与中信集团、中信国安签署了中信集团战略投资白银集团项目并购贷款合同，并购贷款金额共计16.315亿元，成为《商业银行并购贷款风险管理指引》出台后我国境内的首笔实质性的并购贷款案例。该笔并购贷款用于中信集团和中信国安斥资32.63亿对白银集团进行增资扩股这一并购项目
2月16日	中国建设银行与上海电力股份有限公司签订金额为5 000万元的并购贷款合同
2月19日	中国工商银行上海分行与百联集团签署了金额为4亿元的“并购贷款协议”及“并购财务顾问协议”
3月3日	中国建设银行上海分行与宝钢签署金额为8亿元的3年期并购贷款合同
3月3日	中国交通银行上海分行与宝钢集团签署了金额为7.5亿元的并购贷款合同
3月11日	中国银行北京分行向中国华能集团公司发放了6.8亿元并购贷款
3月13日	中国银行浙江省分行与电联控股集团有限公司签署并购贷款协议，向电联集团下属企业浙江正通实业有限公司提供并购贷款2 600万元，用于收购浙江通普特种车有限公司52%的股权
3月26日	国机集团与中国银行、北京银行、中信银行联合签署了总额为8.5亿元的银团贷款协议

续表

时间	事件
3月27日	兴业银行北京分行、北交所、北京市华远置业有限公司三方签署金额为6亿元的“开发并购贷款合作框架协议”
3月31日	招商银行向苏州国际发展集团有限公司发放1.1亿元的并购贷款，用于向江苏东吴农村商业银行的战略并购
4月16日	中国建设银行山东省分行与华能山东发电有限公司签订了20亿元的并购贷款合同，用于其收购鲁能集团旗下部分火电厂及火电、风电项目成果
4月30日	上海银行与上海梅林正广和有限公司签署4 325亿元的并购贷款合同，用于其收购某食品有限公司51%的股权
5月13日	中国工商银行长沙全通支行向华天酒店发放2亿元并购贷款
6月16日	浙商银行为绍兴某印染有限公司发放了金额为1 400万元的并购贷款
6月17日	中国银行上海分行为万业企业发放了3 833.50万元并购贷款，用于收购某公司23%的股权
6月19日	中国银行陕西省分行向陕西煤业集团提供了5亿元的并购贷款
7月2日	中国银行锦州分行为锦州汉拿电机有限公司并购英国年城有限公司（Year City Limited）项目投放6 400万元海外并购贷款
7月7日	中国银行浙江省分行与浙大网新科技股份有限公司签订了4 500万元的并购贷款合同
7月17日	中国农业银行为中国物资开发投资总公司发放金额为1.98亿元的并购贷款
8月10日	中国工商银行山东省分行向济宁市矿业集团收购济宁里能集团新河2号井煤矿提供并购贷款
9月3日	中国工商银行山西吕梁分行发放首笔9.7亿元的煤炭资源整合并购贷款
10月15日	中信银行苏州分行与江苏苏化集团有限公司签订了5 800万元的并购贷款合同，已完成对苏州东沙合成化工有限公司股权的收购
12月6日	国家开发银行为武钢境内外并购提供了一笔800亿元的大额综合授信
12月8日	中国建设银行江苏省宿迁分行向宿迁市银控自来水有限公司成功发放并购贷款2 150万元
12月11日	中国建设银行成都高新支行向成都投资控股集团有限公司发放3.87亿元并购贷款

资料来源：本书作者整理。

从市场上披露的并购贷款案例来看，大多数获得并购贷款的企业都具有国有背景。部分原因在于目前国有企业是我国并购交易的主要参与者，这些国有企业面临着产业调整和转型的紧迫需要。在某种程度上，国有企业相对民营企业有较好的治理结构。这种稳定的治理结构，不仅能控制长期风险，也有助于抑制股东和内部人控制的道德风险，加上国有企业之间的并购，作假的利益冲动不如民营企业强烈，对于贷款人而言，也没有道德风险之虞，贷款人更容易控制贷款风险。另外，国有企业对政策和政府导向敏感，响应快、影响深，并购双方能够迅速达成合意。因此，对于国有控股的商业银行而言，尽快发放贷款，不仅能够实现银行的商业目标，也能助推市场恢复信心，实现企业与银行共同的利益诉求。因此，在并购贷款发放的初始阶段，并购贷款更多地流向国有企业。不过，随着金融资源配置的进一步优化以及民营企业公司治理的日趋完善，银企之间信任度的不断加强，市场上必将看到更多的并购贷款流向民营企业。比较典型的案例如2010年中国银行浙江省分行为浙江荣盛控股集团有限公司发放了金额为3.855亿元的并购贷款，支持其收购宁波联合（SH：600051）29.90%的股权。

目前，并购交易规模日益攀升，如果并购贷款由一家银行提供，则会加大该贷款银行的风险。因此，由某银行牵头组织若干个银行组成财团来共同承担某笔并购款项的贷款，既可筹集大规模的资金，又可分担贷款银行的风险。在西方，这种贷款方式被称为联合贷款或辛迪加贷款(Syndicated Bank Loan)。这种方式已屡见不鲜，联想用于支付收购价款的6亿美元就是由16家银行组成的财团提供的。此外，除了商业银行的并购贷款融资外，投资银行为企业并购提供了一种过桥贷款。近年来在我国企业的并购重组中，过桥贷款也有所利用，如在联想并购IBM PC业务中，高盛提供了金额为5亿美元的过桥贷款。

（2）债券融资对企业并购融资方式选择的影响

国际并购融资的经验证据显示，债券是国外成熟资本市场并购融资的主要方式之一，其中，高收益债券主导了20世纪80年代的第四次并购浪潮。据中信证券相关人士测算，参照国外并购融资债券占比40%~50%的水平，我国债券并购融资约有2.5万亿元至3万亿元的资金缺口。然而，中国上市公司并购重组的融资手段主要为自有资金、银行贷款与股票融资，公司债等融资手段较为欠缺。其原因在于：首先，我国企业尚未建立完善的债券发行自我约束机制。为保护投资者的利益，我国对债券发行实行规模控制，使得企业债券发行无法根据市场情况和企业的融资需求来确定发行额，而受制于国家事先确定的规模。其次，由于目前我国债券市场不发达，市场容量有限，审批手续严格，对发行主体的规模、盈利能力以及负债规模等都有严格规定。最后，缺乏债券二级交易市场，也制约了企业债券的流动性，限制了投资者资金的流入，阻碍了企业扩大并购融资债券的发行（中国证券监督管理委员会，2009）。而我国并购债券则出现得更晚，如全国首单并购债务融资工具——湖南黄金集团1.48亿元私募并购债于2013年5月由浦发银行主承销，这也是银行间和交易所债券市场第一只并购债；交易所债券市场第一只并购债——13天瑞水泥债于2013年2月发行；国内首单公募型并购债——招商局集团2014年度第二期中期票据。然而这些“并购债”并非真正意义上的并购债，其只是用于置换并购贷款，并未直接支付并购价款。中国首单真正并购债——15海国鑫泰MTN001于2015年发行，这是全国首单以公募方式发行的直接支付价款的并购债。为解决单一支付工具难以满足和平衡并购交易各方不同的利益诉求，国家探索引入定向可转债和优先股等支付与融资工具，并陆续出台了明确的政策法规指导。2014年3月，《国务院关于进一步优化企业兼并重组市场环境的意见》（国发〔2014〕14号）发布，明确提出企业债券、优先股、定向可转债以及定向权证等作为并购支付工具。据Wind数据库统计，截至2019年12月20日，共有20余家公司进行定向可转债并购，并购交易额达到138.86亿元，其中23.68亿元以定向可转债支付的方式完成，17家公司用这一工具实施了配套融资，融资额达到22.55亿元（李井林和卫芳，2021）。

第 3 章 企业资本结构动态调整行为存在性研究

3.1 理论分析与研究假设

在解释资本结构与融资决策行为方面，权衡理论、优序融资理论以及市场择时理论一直是主流的资本结构理论。而关于企业是否存在目标资本结构，权衡理论认为存在，但是市场择时理论和优序融资理论则持相反的观点。其中MM理论认为当资本市场是完美不存在摩擦的时候，企业价值和资本结构无关。但是放宽前提假设后，因为市场中实际存在所得税，利息和折旧都存在抵税效应，会扩大企业的税后现金流量，所以修正后的MM理论认为企业负债率越高则企业价值越大，即企业价值和企业负债率正相关。Kraus and Litzenberger（1973）认为负债率提高会提高收益是因为利息抵税，但是负债增加的同时也会增加企业破产的风险，会导致负债成本增大。在此基础上，Jensen（1986）以及Stulz（1990）进一步研究发现，由于代理成本的存在，负债虽然可以通过减少公司因为存在大量自由现金流量而缓解企业过度投资的现象，但是也会因为负债的存在导致公司错过投资机会而出现投资不足现象，进一步导致债务融资的成本增大。由此可以看出，通过负债融资的方式虽然可以缓和缺乏投资机会的企业股东和债权人之间的代理问题，但是负债融资同时可以激化拥有优良投资机会公司的经理和股东之间的代理问题。根据MM理论和委托-代理理论，权衡理论认为企业会通过权衡收益和成本后存在最优资本结构，当边际收益和边际成本相等的时候就是目标资本结构，而其中边际收益是由利息抵税和缓解自由现金流量的代理成本决定的，边际成本是由债务融资带来的财务风险以及破产风险决定的。换言之，如果一个企业会权衡债务融资的收益和成本，那么企业的资本结构调整就可以参照静态权衡理论。但是静态权衡理论本身也存在内生缺陷，因为它的重点在于单期财务决策，缺少对目标资本结构多期动态调整行为的关注。所以，学者们开始关注多期财务决策，后来发展为动态权衡理论。虽然公司可能存在一个最优的负债结构，但是在公司长期的财务决策中通过不断调整债务和股权来维持这个固定的资本结构也会消耗大量的成本，而且调整本身就存在交易成本。因此，Brennan and Schwartz（1984）最开始提出公司不存在一个最优的负债比例而是拥有一个最优的债务率范围的观点，公司的负债率可以在这个区间波动，当企业实际负债率跳出这个区间时，企业就会通过调整企业资本结构使得企业的负债率再次回到该区间内。Fischer et al.（1989）发现交易成本会影响企业对资本结构的调整，同时因为市场存在摩擦，基于动态权衡理论，绝大部分企业大部分时间内都处于偏离最优资本结构的状态。Welch（2004），Leary and Roberts（2005），Alti（2006），Flannery and Rangan（2006），Hovakimian（2006），Kayhan and Titman（2007）以及Huang and Ritter（2009）等通过文献构建局部动态调整模型发现，公司在长期内存在目标资本结构，该结果验证了动态权衡理论。因此，动态权衡理论认为当公司偏离目标资本结构时，会权衡调整成本和收益，决定是否进行调整以及调整的幅度。

与动态权衡理论相反，优序融资理论认为公司资本结构主要取决于企业融资需求，和目标资本结构无关。Myers（1984）提出优序融资理论，Krasker（1986），Narayanan（1988），Heinkel and Zechner（1990），Shyam-Sunder and Myers（1999）以及Aybar-Arias et al.（2004）检验了优序融资模型，支持了Myers（1984）的研究结论。优序融资理论认为信息不对称水平是影响企业资本结构的一个关键因素，因为公司内部经理对公司具体的经营情况更具有信息优势，而外部债权人则由于对企业缺乏了解，存在信息劣势，因此会导致一系列的道德风险和逆向选择问题。根据信息不对称程度进行排序，内部资金受到的信息不对称水平和逆向选择程度最小，外部债务融资次之，外部股权融资的成本最高，因此，公司会首先选择内部融资，其次为外部债权融资，最后为外部股权融资。很明显，这与动态权衡理论关于企业资本结构的调整顺序是不一样的，因此，优序融资理论与权衡理论经常被认为是两个相互竞争的理论（Bessler et al.，2011）。

与动态权衡理论相反，市场择时理论认为公司资本结构调整主要因为市场择时行为，和是否存在目标资本结构无关。具体而言，Baker and Wurgler（2002）认为公司会根据股票市场状况也就是市场价值和账面价值的比例来择时发行股票，当市场价值高时融资的公司杠杆低，而市场价值低时融资的公司杠杆高；过去市场的价值对于资本结构的影响是非常显著的，由此也可以看出股票发行所引起的资本结构变化不是目标资本结构调整的结果。Welch（2004）通过实证研究发现，公司认为公司市场价值所衡量的杠杆极大地由股票收益所驱动，公司通过择时融资活动其实加剧了公司实际资本结构与目标杠杆的偏离度。虽然上述研究表明市场理论对于企业股权融资存在重要影响，而且会在短期内使得目标资本结构严重偏离（Leary and Roberts，2005；Alti，2006；Kayhan and Titman，2007），但同时这些研究也表明目标偏离会反转。从长期来看，公司融资活动的市场择时行为对资本结构的影响可能并不那么重要，这与考虑到目标资本结构调整成本的动态权衡理论相一致（Bessler et al.，2008）。总之，这些发现支持了一个修正版的资本结构动态权衡理论（将市场择时作为一个短期影响因素）。

根据优序融资理论与市场择时理论，财务杠杆对公司价值将不会产生重要影响，因此，当公司杠杆水平偏离其目标资本结构时，管理者将不会调整杠杆至目标水平。然而，权衡理论认为管理者将会进行相应的融资决策调整杠杆偏离以使其达到目标资本结构，而这种资本结构调整速度将取决于调整成本的高低。基于以上三种资本结构理论，我们提出如下假设：

研究假设H1：如果动态权衡理论得到支持，则公司存在资本结构动态调整行为；如果优序融资理论或市场择时理论得到支持，则公司不存在资本结构动态调整行为。

3.2 研究设计

3.2.1 样本选择与数据来源

2006年年底我国资本市场股权分置改革基本完成，从2007年起，我国上市公司并购交易数量以及采用股票支付完成并购交易对价的并购案例开始大量增加。为了与并购对资本结构动态调整速度的影响效应、机制与路径研究的样本期间保持一致，本章的企业资本结构动态调整存在性研究的样本区间也选择为2007年至2020年。被解释变量企业资本结构和企业特征变量等控制变量来自CSMAR数据库。借鉴已有文献的普遍做法，按如下标准对初始样本进行筛选：（1）剔除金融、保险类行业上市公司样本；（2）剔除曾被ST或*ST处理的上市公司样本；（3）剔除资不抵债的上市公司样本；（4）剔除相关变量观测值缺失较多的上市公司样本。上市公司样本按照上述标准筛选后，最终得到共计27 362个公司-年度样本观测值。为了控制极端值的影响，对连续型变量进行了上下1%的缩尾处理。

3.2.2 变量定义与模型设定

（1）变量定义

被解释变量：企业资本结构（Lev_{it}）。本书使用学者们在研究资本结构动态调整速度时所普遍采用的企业资产负债率（总负债/总资产）来测度企业资本结构，并采用含息负债率进行稳健性检验。

解释变量：

① 企业资本结构（Lev_{it-1}）。由于企业资本结构动态调整速度的研究通常需要构建局部调整模型，且为动态面板模型，因此在检验资本结构的动

态权衡理论时，需要在模型中纳入前一期的资本结构变量（Flannery and Rangan，2006）。

② 资金缺口（FIN_DEF）。为了同时检验资本结构动态权衡理论与优序融资理论，本书借鉴Shyam-Sunder and Myers（1999），Flannery and Rangan（2006）以及李井林（2014）检验优序融资理论的做法，采用资金缺口作为优序融资理论的替代变量，具体计算公式为：企业资金缺口=（股利支出+资本支出+营运资本增量+一年内到期的长期负债-息税后经营现金流量）/总资产。

③ 市场择时（M/B_EFWA）。为了同时检验资本结构动态权衡理论与市场择时理论，本书借鉴Baker and Wurgler（2002），Kayhan and Titman（2007）以及李井林（2014）检验资本结构市场择时理论的做法，采用外部融资加权平均市账率作为市场择时理论的替代变量，具体计算公式如下：

$$M/B\_EFWA_{t-1} = \sum_{j=0}^{t-1}\left[\frac{\Delta equity_j + \Delta debt_j}{\sum_{j=0}^{t-1}(\Delta equity_j + \Delta debt_j)} \times (M/B)_j\right]$$

式中：△equity表示公司在特定年份股权融资增加额，Δdebt表示公司在特定年份的债务融资增加额。

控制变量：据以往文献（盛明泉等，2012；李井林等，2015；钟宁桦等，2016；黄俊威和龚光明，2019；周茜等，2020）的做法，本书主要控制如下企业特征变量：企业规模、盈利能力、有形资产比率、企业成长性、非债务税盾以及行业杠杆水平。此外，本书还控制了行业效应与时间效应。本书的主要变量定义见表3-1。

（2）资本结构动态调整模型设定

本章模型设计根据Flannery and Rangan（2006）、李井林等（2015）以及巫岑等（2019）的做法，通过构建资本结构局部调整模型（模型（1））来检验资本结构动态权衡理论。

$$Lev_{it} - Lev_{it-1} = \lambda(Lev_{it}^{*} - Lev_{it-1}) + \varepsilon_{it} \tag{1}$$

表3-1 **变量定义**

变量类型	变量名称	变量符号	变量度量
被解释变量	资本结构	Lev	总负债/总资产
解释变量	资金缺口	FIN_DEF	（股利支出+资本支出+营运资本增量+一年内到期的长期负债-息税后经营现金流量）/总资产
	市场择时	M/B_EFWA	$M/B\_EFWA_{t-1} = \sum_{j=0}^{t-1}\left[\frac{\Delta Equity_j + \Delta Debt_j}{\sum_{j=0}^{t-1}(\Delta Equity_j + \Delta Debt_j)} \times (M/B)_j\right]$
控制变量	企业规模	Size	公司总资产的自然对数
	盈利能力	Roa	净利润/总资产
	有形资产比率	Tang	有形资产总额/总资产
	企业成长性	Growth	（本期营业收入-上期营业收入）/上期营业收入
	非债务税盾	Dep	折旧摊销/总资产
	行业杠杆水平	Ind_Median	企业所在行业的资本结构中位数
	行业效应	Industry	行业虚拟变量，属于该行业时取值为1，否则为0
	时间效应	Year	年度虚拟变量，属于该年度时取值为1，否则为0

模型（1）中Lev_{it}^*为公司目标资本结构，通过一系列影响公司资本结构的公司特征变量对公司资本结构进行回归估计后的拟合值作为公司目标资本结构的替代变量，即$Lev_{it}^* = \widehat{\alpha_i} + \widehat{\beta_i} X_{it-1}$，这些公司特征变量主要包括企业规模、企业盈利能力、企业有形资产比率、企业成长性、企业非债务税盾以及行业杠杆水平。将$Lev_{it}^* = \widehat{\alpha_i} + \widehat{\beta_i} X_{it-1}$代入模型（1），可以得

到资本结构局部调整模型的另一种表现形式，为模型（2）[①]，本章主要运用模型（1）与模型（2）来检验资本结构动态权衡理论，从而间接验证公司资本结构是否存在动态调整行为。

$$Lev_{it} = (\lambda\beta)X_{it-1} + (1-\lambda)Lev_{it-1} + \varepsilon_{it} \tag{2}$$

模型（1）与模型（2）中λ为企业资本结构动态调整速度，如果模型（1）中的λ和模型（2）中$(1-\lambda)$的t检验具有统计意义上的显著性，则资本结构局部调整模型成立，动态权衡理论得到支持，企业资本结构存在动态调整行为。

（3）优序融资理论检验模型

基于Shyam-Sunder and Myers（1999）以及李井林和刘淑莲（2015）检验资本结构优序融资理论的模型[②]，本章将资金缺口变量（FIN_DEF_{it}）代入模型（1），得到模型（3），以同时检验动态权衡理论与优序融资理论对企业资本结构变化的解释力。

$$\Delta Lev_{it} = (\lambda\beta)X_{it-1} - \lambda Lev_{it-1} + \gamma FIN\_DEF_{it} + \varepsilon_{it} \tag{3}$$

模型（3）中，λ反映企业资本结构动态调整速度，γ反映资金缺口对企业资本结构变化的影响。如果$-\lambda$的t检验具有统计意义上的显著性，则资本结构动态权衡理论得到支持；而如果$\gamma=1$且具有统计意义上的显著性，并且能改变模型中其他大多数变量的回归系数符号与显著性水平，则资本结构优序融资理论得到支持，否则，资本结构优序融资理论应该是广义资本结构权衡理论的一部分，而非企业资本结构变化的唯一影响因素（Flannery and Rangan，2006）。

（4）市场择时理论检验模型

基于Baker and Wugler（2002）以及李井林（2014）检验资本结构市

① 模型（1）与模型（2）为动态计量经济模型中标准的局部调整模型，为便于理解，本文借鉴Cotei et al.（2011）的思路，从资本结构动态调整的角度进行了模型推导。此外，将模型（1）转换为模型（2）的表达形式也是便于在稳健性检验中同时检验动态权衡理论与市场择时理论。

② Shyam-Sunder and Myers （1999）检验优序融资理论的模型为：$\Delta D_{it} = a + b_{PO}DEF_{it} + \varepsilon_{it}$，其中：$\Delta D_{it}$为债务的变化量，$DEF_{it}$为资金缺口（funds flow deficit），$DEF_{it}=DIV_{it}+X_{it}+\Delta W_{it}+R_{it}-C_{it}$，其中，$C_{it}$为息税后经营现金流量，$DIV_{it}$为股利支出，$X_{it}$为资本支出，$\Delta W_{it}$为营运资本的增量，$R_{it}$为一年内到期的长期负债（Shyam-Sunder and Myers，1999）。本书进行了将资金缺口除以总资产的处理。此外，将检验优序融资理论的模型（$\Delta D_{it} = a + b_{PO}DEF_{it} + \varepsilon_{it}$）与检验资本结构动态权衡理论的模型（$Lev_{it} - Lev_{it-1} = \alpha + \lambda(TarLev_{it} - Lev_{it-1}) + \varepsilon_{it}$）进行比较，资金缺口变量$DEF_{it}$与目标资本结构偏离变量$TarLev_{it}-Lev_{it-1}$在模型：$Lev_{it} = (\lambda\beta)X_{it-1} + (1-\lambda)Lev_{it-1} + \delta M/B_EFWA_{it-1} + \varepsilon_{it}$中应该处于“同等地位”，而不会存在某一变量主导另一变量的问题。由此类比而知，本书也认为在模型中也不存在此类问题。

场择时理论的模型[①]，本章将外部融资加权平均市账率（M/B_EFWA_{it-1}）代入模型（2），得到模型（4），以同时检验资本结构动态权衡理论与市场择时理论对企业资本结构水平的影响。

$$Lev_{it}=(\lambda\beta)X_{it-1}+(1-\lambda)Lev_{it-1}+\delta M/B\_EFWA_{it-1}+\varepsilon_{it} \quad (4)$$

模型（4）中，如果$(1-\lambda)$的t检验具有统计意义上的显著性，则资本结构动态权衡理论得到支持；而如果δ在统计意义上显著为负，并且能改变模型中其他大多数变量的回归系数符号与显著性水平，那么资本结构市场择时理论得到支持。

3.3 实证检验与结果分析

3.3.1 描述性统计分析

表3-2报告了样本公司相关变量的描述性统计结果。可以看出，企业资本结构变量（Lev）均值与中位数分别为0.428和0.423，标准差为0.205，最小值与最大值分别为0.007与0.995，说明样本公司之间的企业资本结构水平存在较大差异。资金缺口变量（FIN_DEF）的均值与中位数均大于零，说明样本公司面临融资约束，需要进行外部融资，进而会导致资本结构的变化。市场择时变量（M/B_EFWA）的均值与中位数也均高于1，说明资本市场高估了样本公司的股票价格，因此，样本公司有可能存在利用其股票被市场错误定价的机会择时进行股权融资，进而影响企业资本结构水平（李井林等，2015）。此外，控制变量观测值的标准差也较大，在样本公司间也存在着较大差异，进而可能会影响到企业资本结构水平。

---

① Baker and Wugler（2002）检验市场择时理论的模型为：$(\frac{D}{A})_t=a+b(\frac{M}{B})_{efwa,t-1}+c(\frac{M}{B})_{t-1}+d(\frac{PPE}{A})_{t-1}+e(\frac{EBITDA}{A})_{t-1}+f\log(S)_{t-1}+\mu_t$（Baker and Wurgler，2002），在此模型中，Baker and Wurgler（2002）认为将M/B_{t-1}同时纳入方程中就排除了由市场账面价值比水平导致的当前横截面数据变动对因变量产生的影响。这样对M/B_{efwa}来说，就只剩下了过去企业市场账面价值比的变动所造成的影响了，并认为这是他们设计实证分析的一个重要方面。他们还认为市场账面价值比变动可能首先与投资机会相关，而不是因为管理层洞悉了错误的估价。因此，排除了当前市场账面价值比所代表的当前投资机会的影响，就使得过去的企业内（within-firm）的变化能够更好地代表过去的进行市场时机选择的机会（Baker and Wurgler，2002）。

表3-2 **变量描述性统计结果**

变量	样本量	平均值	标准差	最小值	25%分位数	中位数	75%分位数	最大值
Lev	27 171	0.428	0.205	0.007	0.264	0.423	0.585	0.995
Size	27 171	22.090	1.277	19.677	21.157	21.905	22.819	26.024
Roa	27 171	0.042	0.053	−0.219	0.016	0.038	0.068	0.197
Tang	27 171	0.929	0.087	0.549	0.917	0.958	0.980	1.000
Growth	27 171	0.400	1.069	−0.669	−0.030	0.133	0.422	7.421
Dep	27 171	0.024	0.016	−0.006	0.012	0.021	0.033	0.077
Ind_Median	27 171	0.422	0.102	0.145	0.368	0.378	0.469	0.708
FIN_DEF	27 171	0.031	0.124	−0.273	−0.041	0.015	0.085	0.452
M/B_EFWA	27 171	5.195	6.289	0	2.106	3.814	6.085	46.104

注：考虑到计算变量M/B_EFWA时，其权重不能小于0，因此，当其权重小于0时，用0予以替代。此外，借鉴Baker and Wurgler（2002）处理M/B_EFWA极端值的方法对M/B_EFWA进行了相应的处理。

3.3.2 资本结构均值回归结果分析

考虑到企业资本结构可能存在机械回归现象，本书按照企业资本结构水平将样本企业从高到低分成四组，分别从相对水平（图3-1）、绝对水平（图3-2）以及相对水平和绝对水平相结合（图3-3）的角度考察了企业资本结构是否存在动态调整行为。可以看出，四组样本企业的资本结构动态调整程度与方向表明企业存在目标资本结构水平，并且存在企业资本结构向其目标资本结构水平收敛的现象。在企业资本结构存在均值回归现象得到验证的基础上，本书将借鉴 Hovakimian and Li（2011）以及李井林等（2015）关于检验企业资本结构是否存在动态调整行为的做法，首先构建资本结构局部调整模型检验企业资本结构动态调整行为的存在性假设，即验证资本结构动态权衡理论的存在性与相对重要性；然后构建企业并购支付方式与融资方式选择模型检验企业资本结构动态调整路径，即考察并购企业如何基于其资本结构水平选择相应的并购融资政策进行资本结构动态调整。

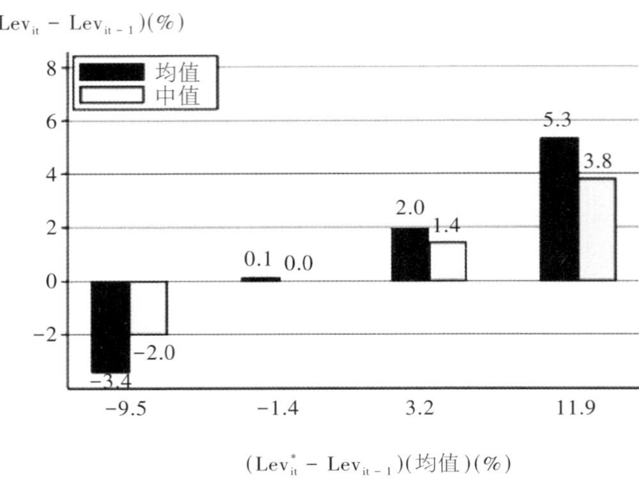

图3-1 财务杠杆的变化

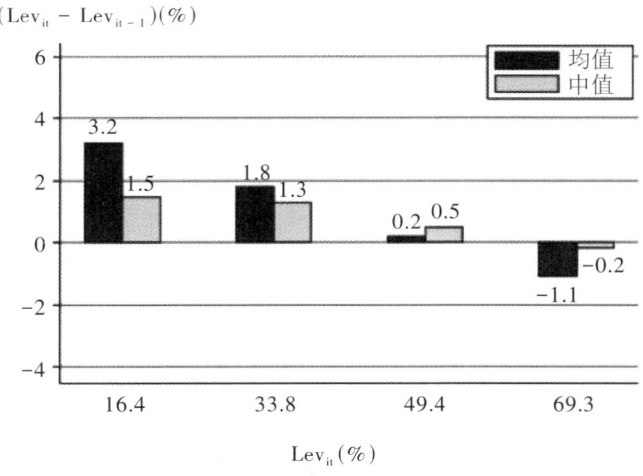

图3-2 财务杠杆的均值回归

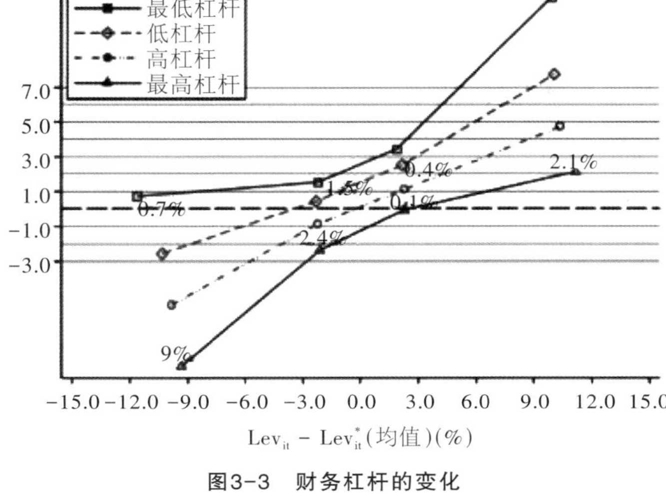

图3-3　财务杠杆的变化

3.3.3 基本回归分析

（1）资本结构动态权衡理论的检验结果与讨论

表3-3报告了资本结构动态权衡理论的检验结果，可以看出，Lev_{it-1}的回归估计系数（1-λ）在1%的置信水平上显著为正，支持了资本结构的动态权衡理论，表明公司资本结构存在动态调整行为，研究假设H1得到验证。然而，检验结果显示企业资本结构动态调整速度较慢，需要耗时5年多才能调整实际资本结构与目标资本结构偏差的一半。企业资本结构较慢的调整速度可能缘于融资约束与交易成本等调整成本的阻碍，也可能缘于资本结构动态权衡理论的其他竞争性理论如优序融资理论与市场择时理论的影响。基于此，本章基于模型（3）和模型（4）同时检验了资本结构三种竞争性理论。

表3-3　　资本结构动态权衡理论检验结果

变量	（1）Pooled OLS
Lev	0.873*** （200.49）
Size	0.005*** （9.05）

续表

变量	（1）Pooled OLS
Roa	−0.078*** （−5.57）
Tang	0.001 （0.16）
Growth	0.001 （1.64）
Dep	−0.209*** （−5.36）
Ind_Median	−0.048*** （−2.69）
Year、Industry	控制
个体固定效应	未控制
截距项	−0.020 （−1.17）
N	23 477
R^2/ Wald chi2	0.441
Speed	0.127
Half_Life	5.446

注：***、**、*分别表示在1%、5%和10%的置信水平上显著不为零，括号内为t或z统计量，下同。

（2）资本结构三种竞争性理论检验结果与讨论

虽然表3-3的检验结果支持了资本结构动态权衡理论，但是考虑到资本结构其他竞争性理论也可能对公司的资本结构决策行为具有解释力，因此本书借鉴前人的研究思路与方法，将反映资本结构的动态权衡理论、优序融资理论与市场择时理论的变量纳入同一模型中（模型（3）与模型（4）），以考察各资本结构理论的存在性与相对重要性，表3-4报告了具体检验结果。

表3-4　　　　资本结构三种竞争性理论检验结果

Panel A：估计结果				
变量	（1）动态权衡理论检验	（2）动态权衡理论与市场择时理论同时检验	（3）动态权衡理论与优序融资理论同时检验	（4）资本结构三种理论同时检验
被解释变量	Lev	Lev	ΔLev	Lev
Lev	0.614*** (69.64)	0.642*** (76.48)	−0.374*** (−43.42)	0.630*** (76.40)
Size	0.015*** (6.37)	0.011*** (5.10)	0.011*** (5.28)	0.010*** (4.83)
Roa	−0.114*** (−5.76)	−0.139*** (−7.73)	−0.140*** (−7.27)	−0.140*** (−7.50)
Tang	−0.009 (−0.66)	−0.009 (−0.75)	−0.005 (−0.37)	−0.013 (−0.95)
Growth	0.001* (1.80)	0.001* (1.91)	0.002** (2.05)	0.002** (2.29)
Dep	−0.204** (−2.28)	−0.155* (−1.88)	−0.164* (−1.73)	−0.106 (−1.16)
Ind_Median	0.027 (1.24)	0.033 (1.57)	0.046* (1.80)	0.039 (1.62)
FIN_DEF			0.031*** (5.33)	0.022*** (4.03)
M/B_EFWA		0.001** (2.31)		0.001 (1.53)
Year、Industry	控制	控制	控制	控制
个体固定效应	控制	控制	控制	控制
截距项	−0.127** (−2.35)	−0.059 (−1.19)	−0.077 (−1.46)	−0.048 (−0.95)
N	23 477	27 171	23 477	24 871
R^2	0.444	0.478	0.187	0.455

续表

Panel B：资本结构理论的相对经济显著性					
资本结构理论	替代变量	Panel A 的列（2）		Panel A 的列（3）	
		对 Lev 的影响效应		对 Lev 变化的影响效应	
		绝对值	Lev 的标准差	绝对值	Lev 的标准差
动态权衡理论	Target_Lev	0.399	1.941	0.953	0.968
优序融资理论	FIN_DEF			0.029	0.029
市场择时理论	M/B_EFWA	0.002	-0.011		

注：采用标准化系数比较不同解释变量的相对重要性，对每个变量执行标准化处理，进而执行面板数据的固定效应估计。

① 资本结构动态权衡理论与市场择时理论同时检验结果与讨论。表 3-4 列（1）报告了作为比较基准的动态权衡理论检验结果，列（2）报告了动态权衡理论与市场择时理论同时检验的结果，可以看出，市场择时理论替代变量（M/B_EFWA）的回归系数在 5% 的置信水平上显著为正，这与市场择时动机对企业资本结构水平存在显著负向影响效应的观点相悖（Baker and Wurgler，2002；Flannery and Rangan，2006），说明资本结构市场择时理论并未得到支持。此外，企业资本结构变量（Lev）的回归系数仍然在 1% 的置信水平上显著为正，说明资本结构动态权衡理论仍然得到支持。进一步地，为了增强研究结论的稳健性，本章在表 3-4Panel B 中检验了动态权衡理论与市场择时理论的相对经济显著性，检验结果显示，目标资本结构对实际资本结构一个标准差的影响是市场择时变量对实际资本结构一个标准差的影响的 199.5 倍（0.399 / 0.002）。

② 资本结构动态权衡理论与优序融资理论同时检验结果与讨论。表 3-4 列（3）报告了资本结构动态权衡理论与优序融资理论同时检验的结果。可以看出，资金缺口变量（FIN_DEF）的回归系数 γ 在 1% 的置信水平上显著为正，但是并没有显著地改变模型（3）中其他变量的符号与显著性水平，而且企业资本结构变量（Lev）的回归系数 $-\lambda$ 的 t 检验在 1% 的置信水平上具有统计意义上的显著性，而资金缺口变量（FIN_DEF）的回

归系数γ较小。此外，表3-4 Panel B中的资本结论动态权衡理论与优序融资理论的相对经济显著性的结果也表明，目标资本结构对△Lev一个标准差的影响是优序融资变量对△Lev一个标准差的影响的32.86倍（0.953/0.029）。因此，本书认为与资金缺口相比，目标资本结构的变化对企业资本结构水平变化的影响更为重要，该检验结果支持了Flannery and Rangan（2006）以及李井林等（2015）的研究结论。本书认为反映优序融资理论的资金缺口变量可能是权衡理论广义形式的一部分（Frank and Goyal，2003），优序融资理论的资金缺口可能仅是企业资本结构变化的一个影响因素，而非企业资本结构变化的唯一影响因素（Flannery and Rangan，2006）。

③ 资本结构三种竞争性理论同时检验结果与讨论。本书将动态权衡理论变量、市场择时理论变量以及优序融资理论变量纳入同一模型中，对资本结构三种竞争性理论同时进行检验。虽然同时检验三种资本结构理论的模型存在缺陷（M/B_EFWA影响的是企业资本结构水平，而FIN_DEF影响的是企业资本结构水平的变化），但是表3-4列（4）的检验结果显示，市场择时理论变量（M/B_EFWA）与优序融资理论变量（FIN_DEF）在列（4）、列（2）及列（3）中的系数及其符号与显著性变化较小，而且在检验动态权衡理论的变量（Lev_{it-1}）时发现，其回归系数及其符号与显著性也变化较小。因此，资本结构动态权衡理论得到进一步支持，企业资本结构存在动态调整行为。

基于上述分析，本书认为相对于资本结构优序融资理论与市场择时理论，资本结构动态权衡理论不仅得到了支持，而且具有相对重要性，企业资本结构存在动态调整行为的研究假设得到支持，同时间接地证实了企业较慢的资本结构动态调整速度主要缘于较高的调整成本。

3.3.4　稳健性检验

（1）目标资本结构估计方法替换

由于企业目标资本结构水平的有效测度对于资本结构动态权衡理论的检验至关重要，因此，本章分别采用OLS回归拟合目标资本结构、企业前3年杠杆均值以及杠杆行业均值作为目标资本结构的替代变量，对模型（2）重新进行估计，表3-5列（1）至列（3）分别报告了两步法下替换企业目标资本结构测度方法后的检验结果。[①]其中列（1）采用企业实际资本结构的影响因素对企业实际资本结构进行回归估计，将其拟合值作为目标资本结构（Lev_OLS）；列（2）采用样本公司前3年的资本结构平均值（L3Lev）作为目标资本结构；列（3）采用杠杆行业均值作为目标资本结构（Lev_IndMean）。可以看出，无论目标资本结构采用哪一种测度方法，Lev_{it-1}的系数（1-λ）均在1%的置信水平上显著为正，动态权衡理论仍然得到支持，即企业资本结构存在动态调整行为。

（2）资本结构变量替换

表3-5中列（4）和列（5）报告了采用不同资本结构测度方法下的动态权衡理论稳健性检验结果，可以看出，无论是采用市值杠杆率（MLev），还是采用有息负债率（ILev），其估计系数均在1%的置信水平上显著为正，资本结构动态权衡理论仍然得到支持，即企业资本结构存在动态调整行为。

（3）模型替换

考虑到被解释变量企业资本结构变量（Lev）为受限因变量，并且无条件固定效应的Tobit模型存在偏误，本章进一步采用随机效应Tobit模型（RE-Tobit），并设定左端截取的下限为0，右端截取的上限为1，对模型（2）重新进行估计。表3-5列（6）的检验结果显示，企业资本结构变量（Lev）的估计系数仍然在1%的置信水平上显著为正，资本结构动态权衡理论仍然得到支持，说明检验资本结构动态权衡理论的模型设定具有较强的稳健性。

---

① 一步法即将影响目标资本结构的因素直接纳入局部调整模型中，对资本结构调整速度进行估计。两步法则首先对目标资本结构的影响因素进行回归估计，得到目标资本结构估计值（如本书通过OLS估计方法对目标资本结构的影响因素进行估计，得到目标资本结构（Lev_OLS）），或者找出目标资本结构直接的替代变量（如本书将样本公司前3年的资本结构平均值（L3Lev）作为目标资本结构），然后，将目标资本结构值（Lev_OLS或L3Lev）代入局部调整模型，以估计资本结构的调整速度。

表3-5　　不同目标资本结构估计方法与变量替换法下资本结构动态权衡理论稳健性检验结果

变量	目标资本结构估计方法替换			资本结构变量替换		模型替换
	(1) OLS拟合	(2) 前3年杠杆均值	(3) 杠杆行业均值	(4) 市值杠杆率	(5) 有息负债率	(6) RE-Tobit
Lev	0.883*** (219.99)	0.866*** (98.10)	0.903*** (302.63)			0.868*** (187.12)
Lev_OLS	0.068*** (8.89)					
L3Lev		0.035*** (4.02)				
Lev_IndMean			0.067*** (9.57)			
MLev				0.871*** (177.18)		
ILev					0.879*** (213.35)	
Size				0.013*** (18.32)	0.004*** (8.84)	0.004*** (8.76)
Roa				-0.072*** (-5.65)	0.003 (0.24)	-0.059*** (-5.17)
Tang				0.006 (1.01)	-0.029*** (-5.42)	0.011* (1.77)
Growth				0 (-0.33)	0.001 (1.08)	0.001 (1.36)
Dep				-0.126*** (-3.31)	-0.157*** (-4.97)	-0.213*** (-6.08)
Ind_Median				-0.045*** (-2.60)	-0.032* (-1.88)	0.062*** (10.16)
Year、Industry	控制	控制	控制	控制	控制	控制
截距项	0.029*** (4.94)	0.048*** (8.41)	0.023*** (5.87)	-0.082*** (-4.39)	0.003 (0.24)	-0.060*** (-4.88)
N	27 171	16 889	27 171	22 519	23 477	23 477
R^2	0.475	0.363	0.473	0.529	0.408	72 678.95***

3.3.5 内生性问题讨论

（1）遗漏变量问题

由于模型（2）中解释变量为前一期的被解释变量，因此模型（2）中可能存在一阶自相关问题，然而，Flannery and Rangan（2006）在对各种计量模型进行讨论后，认为序列相关问题对于资本结构局部调整模型而言并不严重（钟宁桦等，2016）。因此，为控制不随时间变化的未观测到的企业个体异质性所导致的遗漏变量问题（Flannery and Rangan，2006）①，本章采用双向固定效应模型同时考虑时间固定效应和个体固定效应，对模型（2）重新进行回归估计，表3-6列（1）报告了双向固定效应模型的回归估计结果。可以看出，在同时控制时间固定效应和个体固定效应后，企业资本结构变量（Lev）的回归系数仍然在1%的置信水平上显著为正，表明在控制可能存在的遗漏变量所导致的内生性问题后，企业资本结构存在动态调整行为的研究结论仍然得到支持。

表3-6　　资本结构动态权衡理论内生性检验结果

变量	（1）双向固定效应模型	（2）IV	（3）IV（p25-p75）
Lev	0.614***	0.597***	0.393***
	（69.64）	（64.17）	（15.66）
Size	0.015***	0.014***	0.019***
	（6.37）	（8.98）	（7.37）
Roa	-0.114***	-0.149***	-0.249***
	（-5.76）	（-10.73）	（-11.71）
Tang	-0.009	-0.003	0.022
	（-0.66）	（-0.29）	（1.35）
Growth	0.001*	0.002***	0.001
	（1.80）	（2.98）	（1.04）

① Flannery and Rangan（2006）以Fama-MacBeth回归模型与OLS回归模型所估计的调整速度分别为13.3%与13.6%，而考虑到公司个体效应后，对Fama-MacBeth回归模型进行组内去心后，所估计的调整速度提高到36.1%，同时以面板固定效应模型（FE panel）及考虑到时间效应后，所估计的调整速度提高到38.0%。本书采用Flannery and Rangan（2006）的方法也得到了类似的结果，限于篇幅，未予列示。

续表

变量	(1) 双向固定效应模型	(2) IV	(3) IV (p25-p75)
Dep	-0.204^{**} (-2.28)	-0.213^{***} (-3.07)	-0.612^{***} (-5.72)
Ind_Median	0.027 (1.24)	0.047^{**} (2.27)	0.006 (0.19)
Year、Industry	控制	控制	控制
个体固定效应	控制	控制	控制
截距项	-0.127^{**} (-2.35)	-0.136^{***} (-3.58)	-0.167^{***} (-2.62)
N	23 477	23 477	11 968
R^2/ Wald chi2	0.444	0.444	0.245
Speed	0.386	0.403	0.607
Half_Life	1.796	1.722	1.143

(2) 解释变量与误差项相关问题

为了控制模型(2)中解释变量与误差项之间可能存在的相关性对企业资本结构调整速度估计产生的偏误问题，本章采用滞后一期的资本结构变量和控制变量作为解释变量的工具变量（Flannery and Rangan，2006），对模型(2)重新进行回归估计，表3-6列(2)报告了工具变量法下的回归估计结果。可以看出，在工具变量法下，企业资本结构变量(Lev)的回归系数仍然在1%的置信水平上显著为正，表明在控制可能存在的解释变量与误差项相关性问题所导致的内生性问题后，企业资本结构存在动态调整行为的研究结论仍然得到支持。

(3) 机械均值回归问题

为了控制企业资本结构可能存在的机械均值回归问题对企业资本结构动态调整速度的影响（Shyam-Sunder and Myers，1999；Chang and Dasgupta，2009），本章借鉴Flannery and Rangan（2006）在估计资本结构动态调整速度时控制资本结构机械均值回归问题的做法，仅对中间50分位的样本进行回归估计，表3-6列(3)报告了检验结果。可以看出，在以中间50分位为样本时，企业资本结构变量（Lev）的回归系数仍然在1%的置信水平上显著为正，而且企业资本结构动态调整速度反而比以全样本所估计的资本结构动态调整速度更快（见表3-6列（2）IV与列（3）IV（p25-p75）估计）。因此，本书认为企业资本结构可能存在的机械均值回归并非企业资本结构存在动态调整行为的原因。

第4章
企业并购影响资本结构动态调整的效应研究

4.1 理论分析与研究假设

资本结构动态权衡理论认为企业不仅存在目标资本结构，而且当企业实际资本结构偏离其目标水平时，会采取相应的融资政策将资本结构调整至目标水平（Flannery and Rangan，2006；Harford et al.，2009；Huang and Ritter，2009）。然而，由于委托-代理问题与信息不对称问题导致企业资本结构动态调整成本较高，使得企业资本结构动态调整速度较慢。而企业并购行为不仅是一项重大的投资行为，也关系到企业融资行为，企业并购支付与融资方式选择会对企业资本结构产生重要影响。已有研究发现，并购是能够显著改变公司杠杆率的重大事件之一，即企业并购是企业资本结构实现动态调整的重要手段之一（Harford et al.，2009；Uysal，2011；Dudley，2012；Vermaelen and Xu，2014；Elsas et al.，2015；王逸等，2015；甘丽凝等，2015）。Auerbach and Reishus（1988）通过确定并购样本和选择控制样本，验证了并购前后杠杆率的变化在统计意义上具有显著性，从而证实了并购与杠杆率的变化之间有关联。Bruner（1988）研究发现企业并购存在企业资本结构动态调整动机，他们发现与控制样本相比，并购企业在并购前处于显著杠杆不足的状态，而被并购企业在被并购前处于显著杠杆过度状态。进一步地，Ghosh and Jain（2000）将并购后企业资本结构水平持续的显著提高归因于企业并购后债务融资能力的增强以及并购前并购企业及被并购企业未使用的债务融资能力的利用。Gugler and Konrad（2002）研究发现，企业并购活动是企业资本结构动态调整的一种路径，他们发现低（高）资本结构水平的并购企业通过选择高（低）资本结构水平的被并购企业，并且在并购后，低（高）资本结构水平的并购企业提高（降低）了其资本结构水平。Uysal（2011）研究发现，企业实际资本结构与目标资本结构的偏离会影响企业发起并购交易活动，杠杆率过低的企业发起并购交易活动的可能性更大，尤其是当并购对价金额较大时。较高资本结构水平的企业会在并购前调整其资本结构水平以避免过高资本结构水平所导致的融资约束问题，而在并购后企业则会提高其资本结构水平。Tao et al.（2017）以中国上市公司并购交易作为研究对象，通过使用Tobit回归模型预测并购公司的最优杠杆率，对目标杠杆率偏差进行估计，跟踪实际杠杆率偏离最优杠杆率的程度，其实证结果表明，并购方的资本结构在交易前偏离了最优水平，而收购方通过并购交易有效减少了杠杆偏离，并且还发现企业的实际杠杆率在收购之后的很长一段时间内收敛到了最佳水平。

从并购对资本结构动态调整的影响机理来看，已有研究发现并购主要通过缓解融资约束（Erel et al.，2015）、提升企业社会责任表现（肖红军和李井林，2018；Hongren and Trung，2018）以及增强企业风险承担能力（盛明泉和车鑫，2016；刘娥平等，2021）等方面来促进企业资本结构动态调整。从并购缓解融资约束促进资本结构动态调整效应来看，一方面，企业并购通过构建内部资本市场，提高了资源的配置效率，从而缓解融资约束问题（Elsas et al.，2015），最终促进企业资本结构动态调整；另一方面，企业并购产生的规模经济、范围经济以及协同效应会提升企业的实力，为企业进入资本市场进行再融资提供有利条件（吴红军，2006），从而缓解融资约束问题，最终促进企业资本结构动态调整。从并购提升企业社会责任表现促进资本结构动态调整效应来看，一方面，企业并购会增强企业对利益相关方期望与诉求的关注和回应，创造更多的利益相关方多元综合价值（肖红军和李井林，2018），进而促进更多的利益相关方的参与，从而加速企业的资本结构调整（Hongren and Trung，2018）；另一方面，企业并购会通过建立或拓展利益相关方网络（如与供应商以及客户的商业信用、银企关联以及政企关联等），从而降低资金提供方与企业之间的信息不对称程度，产生资源效应和信息效应（郑文风和王凤荣，2018），最终促进企业资本结构动态调整。从企业并购增强企业风险承担水平促进企业资本结构动态调整效应来看，一方面，并购能提升企业治理能力，缓解企业代理问题，进而增强企业风险承担水平；另一方面，并购投资能降低企业信息不对称性，减轻企业融资约束，使企业有更充足的资金投入风险性项目中，从而提高企业的风险承担水平。此外，并购还会通过商誉的增加而增强企业风险承担水平（周泽将等，2019）。企业风险承担水平增强能够加快资本结构动态调整速度、减少实际资本结构与其目标水平的偏离程度（盛明泉和车鑫，2016）。

从并购对企业资本结构动态调整的影响路径来看，并购对企业资本结构动态调整的促进效应是通过并购支付方式与并购融资方式的选择来实现的，即企业会根据实际资本结构与其目标水平的偏离程度而选择相应的并购支付方式与并购融资方式以调整资本结构至目标水平（李井林，2017）。具体而言，过度杠杆企业会倾向于股票支付与融资方式，而杠杆不足企业会倾向于选择现金支付与债务融资方式，以缩小实际资本结构水平与目标资本结构水平之间的偏离程度。已有研究发现，企业目标资本结构水平会对并购支付方式与并购融资方式选择行为产生重要影响，企业并购支付方式与并购融资方式选择行为存在资本结构动态调整行为动机（Harford et al.，2009；李井林等，2015）。在企业目标资本结构水平对并购支付方式选择行为的影响方面，Harford et al.（2009）、Uysal（2011）、Huang et al.（2012）、Vermaelen and Xu（2014）以及Alexandridiset al.（2020）均研究发现过度杠杆不仅降低了企业发起并购交易的可能性，而且降低了并购对价中现金支付的可能性。赵息和孙世攀（2015）、李井林等（2017）以及刘俊毅和白彦（2018）以中国资本市场并购交易事件为研究对象，均发现企业杠杆赤字越高，采用现金对价并购的可能性越小。在目标资本结构对并购融资方式选择的影响方面，李井林等（2015）、李井林（2017）以及赵息和陈佳琦（2018）均发现目标资本结构对企业并购融资方式选择行为存在显著的影响效应，相较于杠杆不足的并购企业，过度杠杆的并购企业更倾向选择股票融资方式。基于上述分析，本书提出如下待检验的研究假设：

研究假设H2：企业并购对资本结构动态调整存在促进效应。

4.2 研究设计

4.2.1 样本选择与数据来源

我国资本市场股权分置改革于2006年年底基本完成，上市公司股票得以充分定价，因此，从2007年起，我国上市公司发起的并购交易案例数以及采用股票支付并购对价的案例数开始大量增加。为了与企业资本结构动态调整行为存在性研究以及并购对资本结构动态调整速度的影响机制与影响路径研究的样本期间保持一致，本章所研究的样本区间也选择为2007年至2020年。被解释变量企业资本结构和企业特征变量等控制变量来自CSMAR数据库，并购交易相关数据来自CSMAR并购重组数据库，行业类型根据中国证监会《上市公司行业分类指引（2012年修订）》规定确定。借鉴已有研究的普遍做法，本章按照如下标准对初始样本进行筛选：①剔除金融、保险类行业上市公司样本；②剔除曾被实施ST或*ST处理的上市公司样本；③剔除资不抵债的上市公司样本；④剔除相关变量观测值缺失较多的上市公司样本。基于上述标准对初始样本筛选后，最终得到共计27 362个公司–年度样本观测值。为了控制极端值的影响，对连续型变量进行了上下1%的缩尾处理。

此外，借鉴以往文献的普遍做法（陈仕华等，2013；陈胜蓝和马慧，2017；张丽敏等，2020），本章还基于以下标准对初始并购样本进行筛选：①企业并购事件定义为首次公告日在样本期内且企业作为买方（并购方）地位的并购重组事件；②只保留并购交易成功的并购事件；③剔除资产剥离、资产置换、债务重组、股份回购以及股权转让事件，仅保留资产收购、吸收合并以及要约收购事件（万良勇和胡璟，2014）；④将首次公告日相同、并购标的相同的并购交易视为同一事件，在公司层面进行合并（万佳宇等，2021）。为了缓解同一公司不同并购事件的影响，对于在同一年进行过多次并购的公司，我们仅保留当年所完成的第一起并购事件（蒋冠宏，2021）。

基于上述筛选标准对初始并购样本进行处理，最终得到2007年至2020年期间共计4 635个并购事件样本。

4.2.2　变量定义与模型设定

（1）变量定义

被解释变量：企业资本结构（Lev）。本书使用学者们在研究资本结构动态调整速度时所普遍采用的企业资产负债率（总负债/总资产）来测度企业资本结构，并采用有息负债率进行稳健性检验。

解释变量：并购（Merger）及并购强度（Rsize）。为了考察企业并购对企业资本结构动态调整的影响效应，本章从企业是否发生并购以及并购强度两个方面设置了企业并购及其强度两个解释变量。如果在特定年份，公司发生并购交易，该样本公司赋值为1，否则为0。同时以并购交易对价除以总资产衡量并购强度。

控制变量：根据以往文献（盛明泉等，2012；黄俊威和龚光明，2019；周茜等，2020）的做法，本章主要控制如下企业特征变量：企业规模、企业盈利能力、企业有形资产比率、企业成长性、企业非债务税盾以及行业杠杆水平。此外，本书还控制了时间效应与行业效应。本章的主要变量定义见表4-1。

（2）模型设定

本书借鉴学者们普遍认可的标准的局部调整模型（模型（1））来描述企业资本结构的动态调整过程：

$$\mathrm{Lev}_{it} - \mathrm{Lev}_{it-1} = \lambda(\mathrm{Lev}_{it}^{*} - \mathrm{Lev}_{it-1}) \tag{1}$$

模型（1）中，λ是表示公司资本结构朝它最优水平调整速度的系数。其中Lev是公司实际资本结构，Lev*是公司目标资本结构。因为公司目标

表4-1 **变量定义**

变量类型	变量名称	变量符号	变量度量
被解释变量	资本结构	Lev	总负债/总资产
解释变量	并购	Merger	在特定年份发生并购交易的样本公司取值为1，否则为0
	并购强度	Rsize	并购交易对价/总资产
控制变量	企业规模	Size	公司总资产的自然对数
	企业盈利能力	Roa	净利润/总资产
	企业有形资产比率	Tang	有形资产总额 / 总资产
	企业成长性	Growth	（本期营业收入-上期营业收入）/上期营业收入
	企业非债务税盾	Dep	折旧摊销/总资产
	行业杠杆水平	Lev_Median	企业所在行业的资本结构中值
	行业效应	Industry	行业虚拟变量，属于该行业时取值为1，否则为0
	时间效应	Year	年度虚拟变量，属于该年度时取值为1，否则为0

资本结构没有办法直接观测得到，因此本书借鉴Flannery and Rangan（2006）采用企业资本结构对其影响因素进行回归估计的做法，构建模型（2）拟合得到企业目标资本结构：

$$Lev_{it}^{*}=\alpha_0+\alpha_1 Size_{it-1}+\alpha_2 Roa_{it-1}+\alpha_3 Tang_{it-1}+\alpha_4 Growth_{it-1}+\alpha_5 Dep_{it-1}+\alpha_6 Lev\_Median_{it-1}+\varepsilon_{it} \quad (2)$$

模型（2）中公司特征变量包括企业规模（Size）、盈利能力（Roa）、有形资产比率（Tang）、企业成长性（Growth）、非债务税盾（Dep）以及资本结构行业中值（Lev_Median）。将模型（2）代入模型（1）整理得到模型（3）：

$$Lev_{it}=(1-\lambda)Lev_{it-1}+\beta_1 Size_{it-1}+\beta_2 Roa_{it-1}+\beta_3 Tang_{it-1}+\beta_4 Growth_{it-1}+\beta_5 Dep_{it-1}+$$

$$\beta_6 Lev\_Median_{it-1}+\varepsilon_{it} \quad (3)$$

为了检验并购对企业资本结构调整速度的影响效应，借鉴盛明泉等（2012）以及于博（2017）等研究文献的做法，本章进一步在模型（3）中放入并购变量（Merger）与并购强度变量（Rsize），整理得到模型（4）：

$$Lev_{it}=(1-\lambda)Lev_{it-1}+\gamma Rsize_{it-1}(Merger_{it-1})+\theta Rsize_{it-1}(Merger_{it-1})\times Lev_{it-1}+$$
$$\beta_1 Size_{it-1}+\beta_2 Roa_{it-1}+\beta_3 Tang_{it-1}+\beta_4 Growth_{it-1}+\beta_5 Dep_{it-1}+\beta_6 Lev\_Median_{it-1}+\varepsilon_{it} \quad (4)$$

模型（4）中并购（Merger）以及并购强度（Rsize）与资本结构Lev交互项的系数θ表示资本结构动态调整速度受并购与并购强度的影响程度，如果θ为负数，就表示并购以及并购强度和企业资本结构动态调整速度正相关，否则负相关。

4.3 实证检验与结果分析

4.3.1 描述性统计分析

表4-2报告了主要变量的描述性统计结果。可以看出，并购强度变量（Rsize ）和并购变量（Merger）的平均值分别是0.017、0.146，中位数分别是0、0，标准差分别为0.072、0.354，最小值分别是0、0，最大值分别是0.495、1.000，说明样本公司之间的并购及其强度存在较大的差异性。企业资本结构变量（Lev）的平均值和中位数分别为0.428和0.423，标准差为0.205，最小值和最大值分别为0.007和0.995，说明样本公司之间的资本结构水平存在较大的差异性。在控制变量方面，其观测值在样本公司间也存在着较大差异，而这种差异可能会影响到企业资本结构水平。

表4-2　　主要变量的描述性统计结果

变量	样本量	平均值	标准差	最小值	25%分位数	中位数	75%分位数	最大值
Rsize	27 171	0.017	0.072	0	0	0	0	0.495
Merger	27 171	0.146	0.354	0	0	0	0	1.000
Lev	27 171	0.428	0.205	0.007	0.264	0.423	0.585	0.995
Size	27 171	22.090	1.277	19.677	21.157	21.905	22.819	26.024
Roa	27 171	0.042	0.053	-0.219	0.016	0.038	0.068	0.197
Tang	27 171	0.929	0.087	0.549	0.917	0.958	0.980	1.000
Growth	27 171	0.400	1.069	-0.669	-0.030	0.133	0.422	7.421
Dep	27 171	0.024	0.016	-0.006	0.012	0.021	0.033	0.077
Ind_Median	27 171	0.422	0.102	0.145	0.368	0.378	0.469	0.708

4.3.2　基本回归结果分析

为了考察企业并购对资本结构动态调整速度的影响效应，本章基于模型（4）检验了并购及并购强度对资本结构动态调整速度的影响效应，检验结果列示于表4-3。表4-3列（1）的回归结果显示，并购强度变量（Rsize）与资本结构变量（Lev）交互项（Lev×Rsize）的回归估计系数在1%的置信水平上显著为负；列（2）的回归结果显示，并购变量（Merger）与资本结构变量（Lev）交互项（Lev×Merger）的回归估计系数在1%的置信水平上显著为负。上述检验结果表明，并购与并购强度均能显著促进资本结构动态调整速度，研究假设H2得到验证，支持了王逸等（2015）等文献关于并购能显著优化资本结构水平的研究结论。并购能显著促进企业资本结构动态调整速度的这一检验结果，其可能的原因在于：一方面，企业通过并购交易活动，会形成企业集团进而构建企业内部资本市场，从而提升资金配置效率与缓解企业融资约束，最终提升企业资本结构动态调整速度；另一方面，企业通过并购交易活动，会增强其利益相关方的数量与网络复杂程度，提升企业社会责任表现，进而增强企业信息透明度，降低企业与资金提供方之间的信息不对称程度，最终提升企业资本结构动态调整速度。此外，企业并购交易活动为风险性投资活动，同时并购交易会增加企业商誉，从而提升企业风险承担水平，最终提升企业资本结构动态调整速度。

表4-3　　并购对资本结构动态调整速度影响的检验结果

变量	（1）并购强度	（2）并购与否
Lev	0.889*** (220.35)	0.888*** (218.18)
Rsize	0.185*** (7.95)	
Lev×Rsize	-0.484*** (-7.71)	
Merger		0.029*** (8.17)
Lev×Merger		-0.058*** (-7.38)
Size	0.004*** (7.32)	0.004*** (7.91)
Roa	-0.101*** (-7.65)	-0.103*** (-7.88)
Tang	0 (0.03)	0.004 (0.57)
Growth	0.001* (1.77)	0.001 (1.52)
Dep	-0.172*** (-4.68)	-0.168*** (-4.59)
Ind_Median	-0.045*** (-2.59)	-0.043** (-2.46)
Year、Industry	控制	控制
截距项	0.003 (0.21)	-0.007 (-0.42)
N	27 171	27 171
R^2	0.479	0.477

4.3.3 稳健性检验

为增强研究结论的稳健性，本章采用变量替换、样本替换以及模型替换等方法进行稳健性检验。

（1）变量替换

本章将应付账款等商业信用融资从负债总额中剔除，只考虑企业有息负债率（（短期借款+长期借款+一年内到期长期负债+应付债券）÷总资产×100%），使用企业资本结构的替代变量（ILev）重新对模型（4）进行回归估计。表4-4列（1）的检验结果显示，有息负债率变量与并购强度变量交互项（ILev×Rsize）的回归估计系数在1%的置信水平上显著为负。该检验结果说明，在变量替换后，企业并购显著促进企业资本结构动态调整速度的研究结论仍然得到支持。

（2）样本替换

前文已经验证企业并购对资本结构动态调整速度存在显著促进效应，即并购交易会引起企业资本结构的显著变化。本章进一步将发起并购交易的上市公司作为研究样本，考察并购强度对并购公司资本结构动态调整速度是否仍然存在显著促进效应。表4-4列（2）的检验结果显示，资本结构变量与并购强度变量交互项（Lev×Rsize）的回归系数仍然在1%的置信水平上显著为负。其次，考虑到较小的并购交易对价对并购支付与融资方式以及资本结构不会产生显著的影响，本章进一步地将并购公司样本控制在并购交易对价不少于100万元的并购事件（吴超鹏等，2008），并对模型（4）重新进行回归估计。表4-4列（3）的检验结果显示，资本结构变量与并购强度变量交互项（Lev×Rsize）的回归系数仍然在1%的置信水平上显著为负。上述检验结果说明，在样本替换后，企业并购显著促进企业资本结构动态调整速度的研究结论仍然得到支持。

（3）模型替换

本章进一步采用Tobit回归模型对资本结构左侧和右侧截取样本的偏误加以控制，表4-4列（4）的回归结果显示，资本结构变量与并购强度变量交互项（Lev×Rsize）的回归系数仍然在1%的置信水平上显著为负。该检验结果说明，在控制模型设定偏误后，企业并购显著促进企业资本结构动态调整速度的研究结论仍然得到支持。

表4-4　　并购对资本结构动态调整速度影响的稳健性检验结果

变量	（1）有息负债率	（2）并购样本	（3）并购对价大于100万元	（4）Tobit模型
ILev	0.889*** (220.00)			
Lev		0.841*** (71.92)	0.841*** (68.48)	0.889*** (280.02)
Rsize	0.076*** (7.15)	0.160*** (5.81)	0.159*** (5.69)	0.185*** (13.14)
ILev×Rsize	-0.431*** (-5.30)			
Lev×Rsize		-0.457*** (-6.29)	-0.462*** (-6.28)	-0.484*** (-14.61)
Size	0.003*** (8.18)	0.009*** (5.38)	0.008*** (4.95)	0.004*** (8.34)
Roa	-0.007 (-0.71)	-0.163*** (-4.17)	-0.166*** (-4.12)	-0.101*** (-10.23)
Tang	-0.025*** (-4.81)	0.030* (1.93)	0.032** (2.00)	0 (0.03)
Growth	0 (0.56)	-0.001 (-0.49)	-0.001 (-0.51)	0.001* (1.95)
Dep	-0.132*** (-4.29)	-0.005 (-0.04)	-0.036 (-0.30)	-0.172*** (-5.18)
Ind_Median	-0.030* (-1.76)	-0.059 (-0.98)	-0.069 (-1.12)	-0.045*** (-2.64)
Year、Industry	控制	控制	控制	控制
截距项	0.013 (0.95)	-0.084* (-1.80)	-0.070 (-1.46)	0.003 (0.22)
N	27 171	4 635	3 830	27 171
R^2（LR chi2）	0.823	0.312	0.307	52 872.99***

4.3.4 内生性问题讨论

（1）样本自选择偏差问题

考虑到发起并购交易的企业更有可能进行资本结构动态调整行为，因此本书采用倾向得分匹配法（PSM）来控制样本自选择偏差所造成的内生性问题。表4-5列（1）的回归结果显示，资本结构变量与并购强度变量交互项（Lev×Rsize）的回归系数仍然在1%的置信水平上显著为负。该检验结果说明，在控制可能存在的样本自选择偏差所导致的内生性问题后，企业并购显著促进企业资本结构动态调整速度的研究结论仍然得到支持。

（2）遗漏变量问题

为了控制不随时间变化的未观测到的企业个体异质性所导致的遗漏变量问题，本章采用双向固定效应模型同时考虑时间效应和企业个体效应，对模型（4）重新进行回归估计，表4-5列（2）列示了双向固定效应模型的回归估计结果。可以看出，在同时控制时间效应和企业个体效应后，资本结构变量与并购强度变量交互项（Lev×Rsize）的回归系数仍然在1%的置信水平上显著为负。该检验结果说明，在控制可能存在的遗漏变量所导致的内生性问题后，企业并购显著促进企业资本结构动态调整速度的研究结论仍然得到支持。

表4-5　　并购对资本结构动态调整速度影响的内生性检验结果

变量	（1）PSM	（2）双向固定效应
Lev	0.880*** （109.13）	0.653*** （75.35）
Rsize	0.191*** （7.48）	0.166*** （7.10）
Lev×Rsize	−0.500*** （−7.48）	−0.448*** （−7.17）
Size	0.004*** （4.25）	0.011*** （5.21）
Roa	−0.178*** （−6.46）	−0.137*** （−7.60）

续表

变量	(1) PSM	(2) 双向固定效应
Tang	0.004 (0.36)	-0.012 (-0.97)
Growth	0.001 (1.21)	0.001** (2.12)
Dep	-0.092 (-1.19)	-0.162* (-1.96)
Ind_Median	-0.034 (-0.85)	0.030 (1.43)
Year、Industry	控制	控制
公司固定效应	未控制	控制
截距项	-0.013 (-0.39)	-0.064 (-1.31)
N	6 867	27 171
R^2	0.432	0.482

注：选择企业规模（Size）、资本结构（Lev）、盈利能力（ROA）、有形资产比率（Tang）、企业成长性（Growth）、非债务税盾（Dep）、行业杠杆中值（Ind_Median）作为匹配变量，并采用无放回的一对一近邻匹配方式构造实验组（Merger=1）和控制组（Merger=0），所有匹配变量满足平衡性检验要求。

4.3.5 异质性分析

本章进一步分析了不同并购类型、产权性质以及市场化程度的企业并购对企业资本结构动态调整速度影响效应的异质性，检验结果见表4-6。

（1）企业并购与资本结构动态调整速度：并购类型的异质性

根据共同保险效应理论，一方面，非相关性并购所形成的多元化经营战略企业集团能够协调各经营单位的经营现金流，降低现金流的波动性，从而降低经营风险；另一方面，集团内部各公司互为担保债务，降低了集团整体的破产风险，从而提高了偿债能力（Low and Chen，2004；任曙明等，2010）。而企业经营风险的降低与偿债能力的提高有助于促进资本结构动态调整速度。根据利益相关方理论，与企业相关性并购相比，企业非相关性并购导致的企业边界扩张会更大程度地增强企业利益相关方网络的多元化、复杂程度以及规模。进一步来说，基于组织合法性理论和资源依赖理论，并购企业都有在实施非相关性并购后去关注、回应以及满足更加多元化和更多数量利益相关方的期望与诉求，为更加复杂的利益相关方网络成员创造更大的多元综合价值，从而相应地显著提升企业的社会责任表现（肖红军和李井林，2018）。而良好的企业社会责任表现所带来的利益相关方参与以及降低信息不对称效应有助于促进资本结构动态调整速度。基于此，本章进一步考察了企业并购对资本结构动态调整速度的促进效应是否存在并购类型异质性。表4-6列（1）与列（2）报告了企业并购对企业资本结构动态调整速度促进效应的并购类型异质性检验结果。可以看出，无论是非相关性并购样本组，还是相关性并购样本组，企业并购强度变量与企业资本结构变量交互项（Lev×Rsize）的回归系数均在1%的置信水平上显著为负，但在非相关性并购样本组中企业并购强度变量与企业资本结构变量交互项的回归系数的绝对值更大。该检验结果表明，对不同并购类型的样本企业，企业并购强度对企业资本结构动态调整速度均具有显著的促进作用，但相对于相关性并购样本企业，企业并购强度对非相关性并购样本企业资本结构动态调整速度的促进效应更为明显。其原因可能在于：基于共同保险效应理论与利益相关方理论，非相关性并购带来的企业经营风险降低和偿债能力增强以及社会责任表现提升有助于促进资本结构动态调整速度，即相对于相关性并购，非相关性并购对资本结构动态调整速度的促进效应的增量贡献更大。

（2）企业并购与资本结构动态调整速度：产权性质的异质性

产权性质是企业资本结构动态调整速度的重要影响因素（盛明泉等，2012），其原因在于：一方面，银行信贷资源配置存在产权差异性，银行贷款存在所有制“金融歧视”，相对于民营企业，国有企业能获得更多的银行信贷资金（钟宁桦等，2016），因而融资约束程度较低，但存在预算软约束，从而导致资本结构动态调整的动力不足（盛明泉等，2012）；而民营企业则面临更高的融资成本与更窄的融资渠道（戴雨晴和李心合，2021），因而面临更严重的融资约束程度和更高的资本结构调整成本（潘爱玲等，2021），从而阻碍了企业资本结构动态调整速度。另一方面，由于民营企业的薪酬设计更加市场化，而国有企业存在严格的薪酬管制，因而国有企业经理人调整优化资本结构的激励可能不足（姜付秀和黄继承，2011）。基于此，本章进一步考察了企业并购对资本结构动态调整速度的促进效应是否存在产权异质性。表4-6列（3）与列（4）报告了企业并购对企业资本结构动态调整速度促进效应的企业产权异质性检验结果。可以看出，无论是民营企业样本组，还是国企样本组，企业并购强度变量与企业资本结构变量交互项（Lev×Rsize）的回归系数均在1%的置信水平上显著为负，但在民营企业样本组中企业并购强度变量与企业资本结构变量交互项的回归系数的绝对值更大。该检验结果表明，对于不同所有制样本企业，企业并购强度对企业资本结构动态调整速度均具有显著的促进作用，但相对于国有企业，企业并购强度对民营企业资本结构动态调整速度的促进效应更为明显。其原因可能在于企业并购对降低民营企业的融资约束程度的效应更为明显，从而对资本结构动态调整速度的促进效应也更为明显，即相对于国有企业，企业并购对资本结构动态调整速度的促进效应对民营企业的增量贡献更大。

（3）企业并购与资本结构动态调整速度：市场化程度的异质性

市场化程度是企业资本结构动态调整速度的重要影响因素（姜付秀和黄继承，2011），其原因在于：一方面，从资金需求方而言，市场化程度的提高会弱化政府对企业的行政干预和增强企业的公司治理质量，从而促进企业资本结构动态调整速度；另一方面，从资金的供给方而言，市场化程度的提高会优化银行信贷资源配置和拓宽企业融资渠道，从而促进企业资本结构动态调整速度。基于此，本章进一步考察了企业并购对资本结构动态调整速度的促进效应是否存在市场化程度异质性。表4-6列（5）与列（6）报告了企业并购对企业资本结构动态调整速度促进效应的市场化程度异质性检验结果。可以看出，无论是高市场化程度样本组，还是低市场化程度样本组，企业并购强度变量与企业资本结构变量交互项（Lev×Rsize）的回归系数均在1%的置信水平上显著为负，但在低市场化程度样本组中企业并购强度变量与企业资本结构变量交互项的回归系数的绝对值更大。该检验结果表明，对处于不同市场化程度地区的样本企业，企业并购强度对企业资本结构动态调整速度均具有显著的促进作用，但相对于处于高市场化程度地区的企业，企业并购强度对处于低市场化程度地区企业的资本结构动态调整速度的促进效应更为明显。其原因可能在于，企业并购对降低处于低市场化程度地区企业的融资约束程度的效应更为明显，从而对资本结构动态调整速度的促进效应也更为明显，即相对于处于高市场化程度地区的企业，企业并购对资本结构动态调整速度的促进效应对处于低市场化程度地区企业的增量贡献更大。

表4-6　**并购对资本结构动态调整速度影响的异质性检验结果**

变量	（1）非相关性并购	（2）相关性并购	（3）民营企业	（4）国有企业	（5）高市场化程度	（6）低市场化程度
BDR	0.832*** （34.79）	0.833*** （56.43）	0.878*** （149.08）	0.910*** （173.72）	0.814*** （74.68）	0.897*** （195.19）
Rsize	0.211*** （3.63）	0.129*** （3.99）	0.168*** （6.22）	0.266*** （5.86）	0.168*** （4.01）	0.196*** （7.05）
Lev×Rsize	−0.545*** （−3.35）	−0.403*** （−4.87）	−0.534*** （−6.81）	−0.468*** （−4.48）	−0.449*** （−3.62）	−0.509*** （−7.08）
Size	0.013*** （4.08）	0.007*** （3.62）	0.004*** （3.86）	0.005*** （8.41）	0.008*** （5.23）	0.003*** （5.53）
Roa	−0.080 （−1.06）	−0.193*** （−4.20）	−0.088*** （−5.33）	−0.122*** （−5.82）	−0.137*** （−4.45）	−0.092*** （−6.16）
Tang	0.032 （1.07）	0.021 （1.03）	−0.002 （−0.27）	0.006 （0.70）	0.023 （1.37）	−0.003 （−0.42）
Growth	0.001 （0.39）	−0.001 （−1.03）	0.001* （1.70）	0.001 （1.04）	0.001 （0.75）	0.001* （1.67）
Dep	0.149 （0.68）	−0.027 （−0.18）	−0.128** （−2.45）	−0.161*** （−3.28）	−0.279*** （−2.89）	−0.114*** （−2.75）
Ind_Median	0.024 （0.21）	−0.137 （−1.60）	−0.064** （−2.22）	−0.016 （−0.75）	−0.029 （−0.80）	−0.046** （−2.15）
Year、Industry	控制	控制	控制	控制	控制	控制

续表

变量	（1）非相关性并购	（2）相关性并购	（3）民营企业	（4）国有企业	（5）高市场化程度	（6）低市场化程度
截距项	−0.258*** （−2.67）	0 （−0.01）	0.007 （0.30）	−0.034* （−1.73）	0 （0.00）	0.013 （0.74）
N	1 139	2 536	16 315	10 856	7 216	19 955
R^2	0.430	0.268	0.449	0.546	0.343	0.474

第 5 章 企业并购影响资本结构动态调整的机制分析

5.1 理论分析与研究假设

5.1.1 企业并购与资本结构动态调整速度：融资约束的中介效应

并购既是企业发展的一种重要战略方法，同时也可以作为公司优化资本结构的一种财务管理工具，企业并购主要通过构建内部资本市场和提升市场势力以缓解融资约束程度，从而促进企业资本结构动态调整。

（1）企业并购→构建内部资本市场→缓解融资约束→促进资本结构动态调整

威廉姆森首先提出了内部资本市场理论。他指出由于存在税收和外部交易成本，企业通过并购可以建构起一个内部资本市场。内部资本市场收集来自各个渠道的资本，并将这些现金流集聚在一起，然后根据投资回报率的高低将资源在集团内部资本市场上重新进行资源配置，选择投资收益更好的项目进行投资。同时，公司总部在监控和信息收集、获取方面也具有优势。公司专注于信息的保管和收集，可以降低由关键信息不对称造成的高额替换成本，在某种程度上也缓解了企业的融资约束。后来的许多学者对内部资本市场效率的研究结论也支持了威廉姆森的观点，并且从不同角度分析和研究了为什么内部资本市场比外部资本市场更有效地共享资源。例如，他们从资产的剩余控制权、内部资本市场的信息优势效应等角度分析了内部资本市场在缓解代理问题和信息不对称方面的优势。Hubbard and Palia（1999）完成了一项研究，支持并购动机的财务限制假设，即企业通过并购构建企业内部资本市场，进而缓解并购企业的财务约束。Stein（1997）认为，内部资本市场可以更好地发挥市场机制的作用，提高资源配置效率，从而缓解资金约束问题。Shin and Stultz（1998）也认为内部资本市场具有高效率，与部门单一化的公司相比，多元化部门结构的公司投资的现金流可以来源于企业内各个部门，所以通过并购形成内部资本市场的多元化部门结构的公司面临的融资约束程度更低。由此可见，并购让公司通过建立内部资本市场，有效地配置内部资金，并最大限度地利用资本创造价值。另外，并购还可以使企业更容易地从资本市场获得融资，这也有助于缓解企业的财务约束。不管是在外部资本市场发展较成熟的国家（Hoshi et al.，1991），还是在外部资本市场发展得不成熟的新兴市场经济国家（Khanna and Palepu，2000），内部资本市场都可以起到缓解企业内外部融资约束的作用。总之，对于内部资本市场与企业融资约束的关系，大多数学者的观点主要都是借鉴传统的信息不对称和代理成本理论以及资源配置理论，从信息传递和企业资源配置的角度，研究内部资本市场如何通过其具有的信息优势来增强企业的融资能力以及投资能力，进而缓解企业融资约束（张芳芳和张文珂，2021）。而融资约束的缓解在并购中对企业资本结构的调整具有重要意义。根据现金预防性动机和现金机会成本理论，融资约束程度越高的公司为了保持一定的财务柔性和规避风险，在并购前更倾向于留存更多的自有资金，以降低财务杠杆从而降低财务风险，在并购交易中更倾向于使用股票支付方式而非现金支付方式（李井林等，2015）。Alshwer et al.（2011）以美国并购市场为背景，研究发现存在融资约束的并购企业选择股票支付方式的可能性更大，并且投资机会越多，使用股票支付方式的可能性越大。因为存在融资约束的公司使用股票支付可以节约内部资金，减少未来融资不确定性和维持财务灵活性，从而避免并购后发生投资资金不足的情况。Karampatsas et al.（2014）以并购公司债券评级水平度量其面临的融资约束程度，发现债券等级高的并购公司面临较低的融资约束，拥有较高的债券评级增强了其使用债务融资获取现金的能力，因此，选择现金支付方式的可能性更大。基于上述分析，我们可以得到如下逻辑链条，即企业并购通过构建内部资本市场，进而影响企业融资约束程度，而企业融资约束程度又会影响并购支付方式的选择，从而影响企业的资本结构动态调整。

（2）企业并购→增强市场势力→缓解融资约束→促进资本结构动态调整

企业通过并购形成规模经济和范围经济效应、市场营销资源的协同、研发和创新协同以及管理协同等传导机制提升了企业的市场势力，从而缓解了企业的融资约束程度，进而促进企业资本结构动态调整。首先，就横向并购而言，可以借助成本协作效应使得在相应的阶段内企业的总量减少，并购后的企业往往比没有进入市场的企业更加具有优势和主导权，通过规模协作的作用，可以压缩企业的成本，提高企业的利润边际贡献和转化率，从而不断提高企业的市场占有率，迫使竞争企业失去生产优势而退出市场。并购后的企业还容易形成规模经济，一方面会显著增强并购企业对供应商和客户的话语权，从而提高潜在竞争者的进入成本，构建进入壁垒，另一方面则会提高成功合谋的可能性，从而增强其市场势力（白雪洁等，2016）。此外，并购后的企业可以降低产品的生产数量，减少市场的总供应量，根据供需原理使得产品的价格升高，从而增强企业的市场势能。其次，就纵向并购而言，当企业与上游供应商以及下游客户企业合并后，自然能够增强对分销商的议价能力，从而获得较高的价格，甚至还有可能与分销商签订排他性协议，增强企业的市场势力。最后，就混合并购而言，主要通过形成范围经济效应和降低交易成本效应来增强并购企业的市场势力，实施混合并购所形成的多元化综合性企业具有运用相同的投入产品和生产线生产出一系列产品的能力，因而容易实现范围经济效应；此外，并购企业通过搭售或捆绑手段将其在某一市场中的市场支配力传递到另一个市场，从而形成准入门槛，实现市场封锁，进而形成市场势力（白雪洁等，2016）。因此，无论是横向并购、纵向并购，还是混合并购，均有助于企业增强其市场势力。而企业市场势力的增强将有助于缓解其融资约束程度。从短期来看，成功的并购将带来规模经济和范围经济，赢得投资者的认可，带来积极的市场反应，产生超额的股票收益，为企业赢得更多的股权融资创造有利条件（王逸等，2015）；从长期来看，成功的并购将实现经营、管理以及创新等方面的协同效应，将带来企业绩效的改善，从而为企业再融资提供条件。由此可见，企业通过并购形成的规模经济、范围经济以及协同效应，增强了其市场势力，从而可以为企业融资可得性提供可能性，使得并购公司的融资约束在并购后得到缓解。而并购企业融资约束的缓解，为企业进入资本市场融资提供了有利的条件，从而为企业调整优化资本结构提供了机会。融资约束程度的高低能够在某种程度上反映出企业资本结构动态调整成本的高低，企业并购通过缓解其融资约束，从而降低了企业资本结构动态调整的成本，最终加快企业资本结构动态调整速度。基于上述分析，本章提出如下待检验的研究假设：

研究假设H3：企业并购通过缓解融资约束而加快企业资本结构动态调整速度。

5.1.2 企业并购与资本结构动态调整速度：企业社会责任的中介效应

基于利益相关方理论与信息不对称理论，企业并购引致的外延式边界扩张将通过促进更多的利益相关方参与以及降低信息不对称程度而提升企业社会责任表现，最终加快企业资本结构动态调整速度。

（1）企业并购→加强利益相关方参与→提升企业社会责任→促进资本结构动态调整

基于利益相关者理论，企业通过并购实现企业边界扩张，往往会拓展企业利益相关方的类型、数量以及联系，从而使得企业利益相关方网络更为复杂。而根据企业规模越大，责任越大的责任铁律的逻辑，企业通过并购丰富了利益相关方网络，会增强企业社会影响力和社会权力，从而也会要求企业承担更多的社会责任（肖红军和李井林，2018）。根据新制度经济学原理，企业是由各种关系和契约结合在一起的一种组合。这一组契约包括企业与管理者、员工、债权人、供应商、客户、政府以及社区等相关利益方之间的契约，由此企业成为所有相关利益方之间的一系列“多边契约”（Freeman and Evan，1990；肖红军和李井林，2018）。因为与公司签订明确或间接合同的每个利益相关者实际上为公司提供了各种个人特定资源，因此每个利益相关者都期望他们的利益可以实现（Donaldson and Dunfee，1994）。根据组织合法性理论，公司的生存与成长和每一个利益相关者息息相关，企业的各种举措也必须遵循明确和隐含的制度标准（Suchman，1995）。在此基础上，公司应考虑、平衡和管理不同利益相关方的期望和要求，最大程度满足不同利益相关方的具体要求和偏好，为他们谋取更多的价值，争取得到利益相关方的认可以及情感认同和价值观认同。Waddock and Graves（2006）的研究也证实了企业并购改善了各利益相关方的利益，主要是通过企业和各方之间的互动和互助渠道来实现。企业通过并购交易同时扩大了利益相关者和企业自身的界限与规模，增加了利益相关方的数量和协议类型。为了在企业边界扩张后获得组织的权利，公司必须遵循“协议精神”，保障协议各方的权益，满足更多类型利益相关方的需求，为各种利益相关方创造更多的价值，从而提升社会责任绩效。企业通过并购创造了更多的利益相关方价值，提高了企业的社会责任感，从而促进更多的利益相关方的参与，进而提升企业社会责任表现，最终加速企业的资本结构调整。而利益相关方参与对企业社会责任表现的影响效应具体表现为：

① 在客户参与方面，如果企业在日常生产经营活动中做出了有利于公众和社会的事件，树立了具有高度社会责任感的形象，则会得到公众的认可并增强消费者对企业的品牌忠诚度。因此，这些企业的利润率和毛利率较高，销售增长率高于其他企业（Choi et al.，2009）。Khorana et al.（2007）认为，企业社会责任对客户满意度有重大影响，并随后为企业提供了积极的市场价值，这表明企业社会责任有助于创造令人满意的客户基础并同时会获得好的财务回报。Servaes and Tamayo（2017）也研究发现，企业社会责任和公司价值与具有高水平客户意识和代表销售的广告公司正相关，企业通过广告公司缩小了自身与客户之间的信息不对称程度，这反过来又使客户更有可能发现公司承担了社会责任，并奖励公司在承担社会责任方面的努力。

② 在员工参与方面，具有良好的企业社会责任表现的公司的部分盈利能力和销售增长也归功于其员工的生产力。Edmans（2012）利用“美国最适合工作的100家公司”的数据，构建了一个价值加权投资组合，发现从1984年到2009年，员工满意度提高了企业绩效。在并购方面，Chemmanur et al.（2019）研究发现，并购公司员工友好度的提高与并购完成概率和完成速度呈正相关。

③ 在投资者参与方面，隐藏或扭曲不良社会或环境表现真相的公司可能会被具有社会责任感的投资者所回避（Heinkel et al.，2001）。Flammer（2013）研究发现，对环境负责任的公司股价大幅上涨，而对环境不负责任的公司股价则大幅下跌。与此同时，对环境负责任的公司也会被贷款人收取明显偏低的银行贷款利率（Chava and Hsu，2020）。

④ 在评级机构参与方面，Attig et al.（2013）研究发现，当信用评级机构对企业的信用等级进行评估的时候，如果企业表现出高度的社会责任感并积极承担各种社会责任，为社会做出一定贡献，这个企业往往会得到信用评级机构的认可而获得更高的评级分数和信用等级。此外，Oikonomou et al.（2014）研究发现，企业社会责任感较强的公司有较低的信用利差和较高的公司债券评级。Stellner et al.（2015）也研究发现，优秀的企业社会责任被认为是降低风险和获得更好评级的奖励。一般来说，高企业社会责任表现的公司受到银行和信用评级机构的高度赞赏。因此，与低企业社会责任表现的公司相比，它们可能更容易获得融资资金。总之，高企业社会责任表现的公司比同行更具竞争力，因为它们更有效地利用资源，提高客户忠诚度，增强吸引和留住高素质员工的能力，以及更容易获得资金。此外，这些公司利用其竞争优势产生的回报，最终通过与客户、员工和商业伙伴建立更高质量的关系而获得更高的利润率。与此同时，高企业社会责任表现的公司可以利用增加的利润来偿还债务（Byoun，2008；Faulkender et al.，2012）。因此，对于杠杆率不足的企业来说，企业社会责任活动不仅有助于企业获得融资，而且还可以减少贷款人的担忧，使企业能够加快资本结构调整的速度，以实现其目标杠杆率和企业资本结构动态调整。基于上述分析，我们认为企业通过并购引致更多利益相关方积极参与，从而提升企业社会责任表现，最终加快资本结构动态调整

速度。

（2）企业并购→降低信息不对称→提升企业社会责任→促进资本结构动态调整

企业并购不仅可以通过增强利益相关者参与以提升企业社会责任表现来加快企业资本结构动态调整，还可以通过信息披露降低与利益相关方的信息不对称程度以提升企业社会责任表现来加快企业资本结构动态调整速度。根据信号传递理论与利益相关方理论，企业并购作为企业重大事件，为满足外部利益相关方信息要求，如外部监管要求，将会持续向市场传递出大量私有信息，从而降低了企业与其外部利益相关方之间的信息不对称程度，有助于提升企业社会责任表现，最终加快企业资本结构动态调整速度（董峰，2015）。Haspeslagh（1991）认为，并购信息披露与传递能够产生信任机制，因为企业披露的并购信息是并购企业与其各利益相关方之间链接与沟通的桥梁，企业并购信息的有效传递有助于并购企业获得各利益相关方的信任，而各利益相关方信任信息的反馈则可以促进并购企业围绕各利益相关方的预期展开并购融合与创造并购价值，最终实现利益相关方的预期利益。董峰（2015）认为，企业并购具有信息效应，企业通过并购将向市场披露企业代理问题信息、企业风险信息以及企业价值信息。晋兆奎（2021）认为，企业跨所有制并购后将获得媒体更多的关注以及更多的监管披露要求，面临着提升会计信息质量的外部压力。进一步地，潘爱玲等（2019）认为，跨所有制并购使民营企业具有提升会计信息质量的内在动力和外在压力，民营企业跨所有制并购能够发挥公司治理效应与增强企业会计信息质量，从而降低企业与债权人之间的信息不对称程度，最终降低企业债务融资成本。徐士伟等（2019）研究发现，并购企业向各利益相关方积极披露社会责任信息，有助于降低信息不对称程度，节约并购交易成本与创造并购价值。翟进步等（2019）认为，被并购方业绩承诺是对并购方等利益相关方的一种保护机制，是对其标的资产未来收益的担保，具有较强的信号作用，能够缓解并购双方的信息不对称问题。李晓溪等（2019）从交易所监管的视角基于并购重组报告书的文本分析发现，并购重组问询函制度会有效地促使并购企业更为详细地披露目标公司的历史和前瞻信息，从而降低并购重组交易的信息不对称程度，发挥了监管作用。

关于信息不对称与杠杆调整速度之间的关系，Myers（1984）认为，信息不对称是资本结构决策中的主导因素，或者更具体地说，信息不对称程度高的企业可能会导致较高的资本结构调整成本，从而降低杠杆率的调整速度。An，Li和Yu（2015）认为，面临高股价崩盘风险的公司，可能具有极端的信息不对称问题，往往会降低杠杆调整的速度。因此，企业信息不对称程度的降低有助于加快企业资本结构动态调整速度。而企业并购通过向其各利益相关方披露相应的社会责任信息，有助于降低企业与其利益相关方之间的信息不对称程度，从而提升企业社会责任表现，进而降低企业资本结构动态调整成本，最终促进企业资本结构动态调整。基于上述分析，本章提出如下待检验的研究假设：

研究假设H4：企业并购通过提升企业社会责任表现而加快企业资本结构动态调整速度。

5.1.3　企业并购与资本结构动态调整速度：风险承担水平的中介效应

企业通过并购加强投融资战略匹配程度与增强企业风险偏好，从而提升企业风险承担水平，最终加快企业资本结构动态调整速度。

（1）企业并购→加强战略匹配→提升风险承担水平→促进资本结构动态调整

不同的并购投资战略决策总是涉及不同程度的风险，公司资本结构调整的诱因之一就是公司的并购战略和融资决策的匹配（Barton and Gordon，1986），也是公司承担风险的需要（盛明泉和车鑫，2016）。因此，实施并购的公司通常具有不同的资本结构，在并购过程中，企业主要是通过并购融资方式来进行资本结构调整。公司风险承担是一项重要的战略决策，反映了公司在投资决策过程中对资本项目的管理选择，这些项目往往风险较高，还款期较长，但从长远来看，它们可以为企业带来更高的回报。因此，风险承担常常被认为是企业辨别机遇和进行投资的一项风险管理活动。根据公司的基本财务决策理论，融资决策与公司的投资决策密切相关，其中融资决策可以直接影响并购战略的选择。从战略管理视角来看，风险越大收益越高，由于不同的投资战略决策对应的投资风险也是不一样的，实施并购战略的公司通常具有不同的资本结构，企业在制定并购战略的时候，会进行企业投资流程的选择，实施过程可以分为制定战略、融资和实施战略三个主要环节。公司在制定战略的时候除了审查重要投资活动的预期回报以外，风险承担也是公司关注的重点之一。不同的融资方式带给企业的财务风险也不同，因此，不同的风险承担水平会直接影响企业的融资环节，而不同的融资方式不仅仅会影响企业资本的流入，也会影响企业资本的流出，还会影响企业资本的比重和构成，即影响企业资本结构的动态调整。从企业并购过程来看，企业的资本结构动态调整通常是通过企业的并购融资行为体现的，企业调整资本结构的重要原因之一是满足公司风险承担，保证公司有充足的现金流的基础上增加资金的投资以及使用价值，其财务制度（如债务、股权）和财务计划（如长短期资金的份额、债务-权益比率）应尽可能匹配相应的风险承担水平和预期的投资回报。

（2）企业并购→增强风险偏好→提升风险承担水平→促进资本结构动态调整

企业通过并购产生信息效应和资源效应降低了企业的风险，提高了企业的风险承担水平，进而会促使企业选择高风险、高收益的投资项目。此时，高资本支出、高创新投入项目就成为企业的投资选择，为了支撑企业投资倾向的变化，企业通常进行资本结构动态调整。企业内部委托代理问题和企业现金流充裕程度是企业风险承担水平的主要影响因素（刘娥平等，2021）。首先，并购可以缓解企业间的信息不对称问题，提升企业治理能力，缓解企业代理问题，进而影响企业风险承担；其次，并购投资可以使得企业获得更多的资源，减轻企业融资约束，使企业有更充足的资金投入到风险性项目中，提高了企业的风险承担能力；最后，并购还可以提高企业绩效和企业价值，从而进一步提高企业的风险承担水平。不同风险偏好的企业，其风险承担意愿存在差异，风险偏好型企业为了取得超额收益，其风险容忍度相对较高，往往愿意选择高负债的资本结构，较高风险偏好倾向意味着较高的负债率和企业较低的预防性营运资本持有水平，其资本结构会远远超过目标资本结构偏离度。而相对于保守型的企业，选择并购战略的企业往往本身也更具有冒险精神，更希望通过不确定性高但收益大的项目来提升企业的业绩，这类企业往往也更愿意进行风险承担，投资高风险的项目。然而这样的资本结构往往会带来高风险，所以随着企业实际风险承担水平逐步提高，企业陷入风险困境的概率会大增，企业由于风险厌恶所带来的风险规避动机也会愈发强烈。为了消除风险积聚所带来风险危机，具有风险偏好倾向的企业有动力通过增加股权融资或者调整企业营运资本目标结构来化解潜在风险，从而进一步向企业最佳资本结构调整。由此可见，企业并购后会增强其投融资决策风险偏好，进而会提升企业的风险承担水平，最终促进企业资本结构动态调整、减少实际资本结构偏离目标水平的程度（盛明泉和车鑫，2016）。基于上述分析，本章提出如下待检验的研究假设：

研究假设H5：企业并购通过增强企业风险承担水平而加快企业资本结构动态调整速度。

5.2 研究设计

5.2.1 样本选择与数据来源

由于我国资本市场股权分置改革于2006年年底基本完成，从2007年起，我国资本市场上的上市公司并购交易案例以及采用股票支付方式完成并购交易对价的案例数量开始大量增加。为了与企业资本结构动态调整行为存在性研究以及并购对资本结构动态调整速度的影响效应与路径研究的样本期间保持一致，本章的并购对资本结构动态调整速度影响机制研究的样本区间也选择为2007年至2020年。被解释变量企业资本结构和企业特征变量等控制变量来自CSMAR数据库。借鉴已有研究的普遍做法，本章按照如下标准对初始样本进行筛选：（1）剔除金融、保险类行业上市公司样本；（2）剔除曾被ST或*ST的上市公司样本；（3）剔除资不抵债的上市公司样本；（4）剔除相关变量观测值缺失较多的上市公司样本。基于上述标准筛选后，最终得到共计27 362个公司-年度样本观测值。为了控制变量异常观测值的影响，对连续型变量进行了上下1%的缩尾处理。

本章将企业并购事件定义为首次公告日在样本期内且企业作为买方（并购方）的并购重组事件，不包括资产剥离、资产置换、债务重组、股份回购以及股权转让事件（万良勇和胡璟，2014）；同时，将首次公告日相同、并购标的相同的并购交易视为同一事件，在公司层面进行合并（万佳宇等，2021）。本书样本公司在样本期内共发生4 635起并购事件。

5.2.2 变量定义与模型设定

（1）变量选择

被解释变量：企业资本结构（Lev）。本书使用学者们在研究资本结构动态调整速度时所普遍采用的企业资产负债率（总负债/总资产）来测度企业资本结构，并采用含息负债率进行稳健性检验。

解释变量：并购强度（Rsize）。本书使用并购强度作为解释变量考察并购对资本结构动态调整速度的影响效应，其测度为并购交易对价除以总资产，并采用企业并购与否进行稳健性检验。

中介变量：本章的中介变量主要包括融资约束、企业社会责任以及企业风险承担水平。

①融资约束。已有的研究对于企业融资约束的衡量多种多样，主要存在Almeida et al.（2004）所提出的现金-现金流敏感性模型、投资-现金流敏感性模型（Fazzari et al.，1988）、KZ指数（Kaplan and Zingales，1997）、SA指数（Hadlock and Pierce，2010）与WW指数（Whited and Wu，2006）等多种测量方法衡量企业融资约束程度的代理变量。其中，Kaplan and Zingales（1997）首次以企业经营性净现金流、企业现金持有量、企业派现水平、企业负债程度以及企业成长性等五个因素作为企业融资约束的表征变量，并通过Logit回归分析进一步构建了一个融资约束程度综合指数（KZ指数）。在此之后，KZ指数法广泛应用于企业融资约束程度的测度。基于此，本书借鉴Kaplan and Zingales（1997）以及魏志华等（2014）的相关研究，以中国上市公司为样本构建KZ指数来测度企业融资约束程度。首先，以中位数为标准对各年度的经营活动产生的现金流量净额/总资产（CF）、现金股利/总资产（Div）、现金持有/总资产（Cash）、资产负债率（Lev）、资产市账比（M/B）进行分组。如果CF低于样本中值，则kz1取

值为1，否则为0；如果Div低于样本中值，则kz2取值为1，否则为0；如果Cash低于样本中值，则kz3取值为1，否则为0；如果Lev高于样本中值，则kz4取值为1，否则为0；如果M/B高于样本中值，则kz5取值为1，否则为0。其次，计算KZ指数，即KZ = kz1 + kz2 + kz3 + kz4 + kz5。最后，采用有序Logit回归模型，将KZ指数作为因变量对CF、Div、Cash、Lev以及M/B进行回归估计，估计出各变量的回归系数，进而构建如下模型。

$$FC = -13.236 \times CF - 39.752 \times Div - 6.709 \times Cash + 4.670 \times Lev + 0.576 \times M/B$$

运用上述模型的回归估计结果，我们可以KZ指数测度各样本公司的融资约束程度，KZ指数越大，表示样本公司面临的融资约束程度越大。此外，本章进一步利用利息支出占负债比例（余明桂等，2019）测度样本公司的融资约束程度以进行稳健性检验。

②企业社会责任。本章借鉴符刚等（2016）、肖红军和李井林（2018）以及王欣和阳镇（2019）等文献测度企业社会责任的做法，采用利益相关方责任方法测度企业社会责任，即企业社会责任=（政府责任+员工责任+供应商责任+顾客责任+金融机构责任+社会公益责任）/6[①]。最后，本章采用和讯网企业社会责任报告评分来进一步测度企业社会责任表现以进行稳健性检验。

③企业风险承担水平。借鉴权小锋等（2010）、余明桂等（2013）、李彬等（2017）、王欣和阳镇（2019）测度企业风险承担水平的做法，采用经行业和年度均值调整后的资产收益率的波动性（观测期为3年）来测度企业风险承担水平。

控制变量：据以往文献（盛明泉等，2012；黄俊威和龚光明，2019；周茜等，2020）的做法，本章主要控制如下企业特征变量，包括企业规模、企业成长性、企业资产负债率以及企业产权等因素。具体包括企业规模、盈利能力、有形资产比率、企业成长性、非债务税盾以及行业杠杆水平，此外，本章还控制了时间与行业固定效应。本章的主要变量定义见表5-1。

① 政府责任=（支付的各项税费-收到的税费返还+应交税费）/营业收入，员工责任=（支付给职工以及为职工支付的现金+应付职工薪酬）/营业收入，供应商责任=（购买商品、接受劳务支付的现金+应付账款+应付票据）/营业收入，顾客责任=（销售商品及提供劳务收到的现金+应收账款+应收票据）/营业收入，金融机构责任=偿还债务支付的现金/营业收入，社会公益责任=捐赠支出/营业收入。

表5-1 **变量定义**

变量类型	变量名称	变量符号	变量度量
被解释变量	资本结构	Lev	总负债/总资产
解释变量	并购强度	Rsize	并购交易对价/总资产
中介变量	融资约束	FC	FC = −13.236 × CF − 39.752 × Div − 6.709 × Cash + 4.670 × Lev + 0.576 × M/B ，KZ指数越大，融资约束程度越高
	企业社会责任	CSR	（政府责任+员工责任+供应商责任+顾客责任+金融机构责任+社会公益责任）/6
	企业风险承担水平	Risk	经行业和年度均值调整后的资产收益率的波动性
控制变量	企业规模	Size	公司总资产的自然对数
	盈利能力	Roa	净利润/总资产
	有形资产比率	Tang	有形资产总额／总资产
	企业成长性	Growth	（本期营业收入−上期营业收入）/上期营业收入
	非债务税盾	Dep	折旧摊销/总资产
	行业杠杆水平	Lev_Median	企业所在行业的资本结构中值
	行业效应	Industry	行业虚拟变量，属于该行业时赋值为1，否则为0
	时间效应	Year	年度虚拟变量，属于该年度时赋值为1，否则为0

（2）模型设定

本书借鉴学者们所普遍采用的资本结构局部调整模型（模型（1））来检验企业资本结构是否存在动态调整行为。

$$Lev_{it} - Lev_{it-1} = \lambda(Lev_{it}^{*} - Lev_{it-1}) \quad (1)$$

模型（1）中，λ表示企业资本结构动态调整的平均速度。其中，Lev表示企业实际资本结构水平，Lev^{*}表示企业目标资本结构水平。因为公司目标资本结构没有办法直接观测得到，因此本书借鉴Flannery and Rangan（2006）采用企业资本结构的影响因素对企业资本结构进行回归估计的做法，构建模型（2）拟合得到企业目标资本结构：

$$Lev_{it}^{*}=\alpha_0+\alpha_1 Size_{it-1}+\alpha_2 Roa_{it-1}+\alpha_3 Tang_{it-1}+\alpha_4 Growth_{it-1}+\alpha_5 Dep_{it-1}+\alpha_6 Lev\_Median_{it-1}+\varepsilon_{it} \quad (2)$$

模型（2）中公司特征变量包括企业规模（Size）、盈利能力（Roa）、有形资产比率（Tang）、企业成长性（Growth）、非债务税盾（Dep）以及资本结构行业中值（Lev_Median）。将模型（2）代入模型（1）整理得到模型（3）：

$$Lev_{it}=(1-\lambda)Lev_{it-1}+\beta_1 Size_{it-1}+\beta_2 Roa_{it-1}+\beta_3 Tang_{it-1}+\beta_4 Growth_{it-1}+\beta_5 Dep_{it-1}+\beta_6 Lev\_Median_{it-1}+\varepsilon_{it} \quad (3)$$

为了检验并购对企业资本结构调整速度的影响效应，进一步在模型（3）中放入衡量并购强度的变量Rsize，整理得到模型（4）：

$$Lev_{it}=(1-\lambda)Lev_{it-1}+\gamma Rsize_{it-1}+\theta Rsize_{it-1}\times Lev_{it-1}+\beta_1 Size_{it-1}+\beta_2 Roa_{it-1}+\beta_3 Tang_{it-1}+\beta_4 Growth_{it-1}+\beta_5 Dep_{it-1}+\beta_6 Lev\_Median_{it-1}+\varepsilon_{it} \quad (4)$$

模型（4）中并购强度Rsize与资本结构Lev交互项的系数θ表示资本结构动态调整速度受并购强度的影响程度，如果θ为负数，表示并购强度和企业资本结构动态调整速度正相关，否则负相关。

为了检验融资约束（FC）在并购与资本结构动态调整速度之间的中介作用，依据温忠麟等（2004）构建的中介效应检验程序，建立模型（5）与模型（6）。

$$FC_{it}=\beta_0+\gamma Lev_{it-1}+\varphi Rsize_{it-1}+\beta_1 Size_{it-1}+\beta_2 Roa_{it-1}+\beta_3 Tang_{it-1}+\beta_4 Growth_{it-1}+\beta_5 Dep_{it-1}+\beta_6 Lev\_Median_{it-1}+\beta_7 Lev_{it-1}+\varepsilon_{it} \quad (5)$$

$$Lev_{it}=(1-\lambda)Lev_{it-1}+\gamma Rsize_{it-1}+\theta Rsize_{it-1}\times Lev_{it-1}+\nu FC_{it-1}+\phi FC_{it-1}\times Lev_{it-1}+\beta_1 Size_{it-1}+\beta_2 Roa_{it-1}+\beta_3 Tang_{it-1}+\beta_4 Growth_{it-1}+\beta_5 Dep_{it-1}+\beta_6 Lev\_Median_{it-1}+\varepsilon_{it} \quad (6)$$

为了检验企业社会责任（CSR）在并购与资本结构动态调整速度之间的中介作用，依据温忠麟等（2004）构建的中介效应检验程序，建立模型（7）与模型（8）。

$$CSR_{it}=\beta_0+\gamma Lev_{it-1}+\varphi Rsize_{it-1}+\beta_1 Size_{it-1}+\beta_2 Roa_{it-1}+\beta_3 Tang_{it-1}+\beta_4 Growth_{it-1}+\beta_5 Dep_{it-1}+\beta_6 Lev\_Median_{it-1}+\beta_7 Lev_{it-1}+\varepsilon_{it} \quad (7)$$

$$Lev_{it}=(1-\lambda)Lev_{it-1}+\gamma Rsize_{it-1}+\theta Rsize_{it-1}\times Lev_{it-1}+\mu CSR_{it-1}+\delta CSR_{it-1}\times Lev_{it-1}+\beta_1 Size_{it-1}+\beta_2 Roa_{it-1}+\beta_3 Tang_{it-1}+\beta_4 Growth_{it-1}+\beta_5 Dep_{it-1}+\beta_6 Lev\_Median_{it-1}+\varepsilon_{it} \quad (8)$$

为了检验企业风险承担水平（Risk）在并购与资本结构动态调整速度之间的中介作用，依据温忠麟等（2004）构建的中介效应检验程序，建立模型（9）与模型（10）。

$$Risk_{it}=\beta_0+\gamma Lev_{it-1}+\varphi Rsize_{it-1}+\beta_1 Size_{it-1}+\beta_2 Roa_{it-1}+\beta_3 Tang_{it-1}+\beta_4 Growth_{it-1}+\beta_5 Dep_{it-1}+\beta_6 Lev\_Median_{it-1}+\beta_7 Lev_{it-1}+\varepsilon_{it} \quad (9)$$

$$Lev_{it}=(1-\lambda)Lev_{it-1}+\gamma Rsize_{it-1}+\theta Rsize_{it-1}\times Lev_{it-1}+\eta Risk_{it-1}+\xi Risk_{it-1}\times Lev_{it-1}+\beta_1 Size_{it-1}+\beta_2 Roa_{it-1}+\beta_3 Tang_{it-1}+\beta_4 Growth_{it-1}+\beta_5 Dep_{it-1}+\beta_6 Lev\_Median_{it-1}+\varepsilon_{it} \quad (10)$$

5.3 实证检验与结果分析

5.3.1 描述性统计分析

表5-2报告了主要变量的描述性统计结果。可以看出，企业资本结构变量（Lev）的均值和中值分别为0.428和0.423，标准差为0.205，最小值和最大值分别为0.007和0.995，说明样本公司之间的资本结构水平存在较大的差异性。并购强度变量（Rsize）的均值和中值分别为0.017和0.000，标准差为0.072，最小值和最大值分别为0.000和0.495，说明样本公司之间的并购强度存在较大的差异性。融资约束变量（FC）的均值和中值分别为0.843和1.126，标准差为2.303，最小值和最大值分别为-9.211和10.155，说明样本公司之间的融资约束程度存在较大的差异性。企业社会责任变量（CSR）的均值和中值分别为0.260和0.348，标准差为0.240，最小值和最大值分别为0.000和0.835，说明样本公司之间的企业社会责任表现存在较大的差异性。企业风险承担水平变量（Risk）的均值和中值分别为0.022和0.014，标准差为0.025，最小值和最大值分别为0.000和0.142，说明样本公司之间的企业风险承担水平存在较大的差异性。在控制变量方面，观测值在样本公司间也存在着较大差异，而这种差异可能会

影响到企业资本结构水平。

表5-2 主要变量的描述性统计结果

变量	样本量	平均值	标准差	最小值	25%分位数	中位数	75%分位数	最大值
Lev	27 171	0.428	0.205	0.007	0.264	0.423	0.585	0.995
Rsize	27 171	0.017	0.072	0.000	0.000	0.000	0.000	0.495
FC	27 171	0.843	2.303	-9.211	-0.440	1.126	2.403	10.155
CSR	27 171	0.260	0.240	0.000	0.000	0.348	0.452	0.835
Risk	23 895	0.022	0.025	0.000	0.007	0.014	0.026	0.142
Size	27 171	22.090	1.277	19.677	21.157	21.905	22.819	26.024
Roa	27 171	0.042	0.053	-0.219	0.016	0.038	0.068	0.197
Tang	27 171	0.929	0.087	0.549	0.917	0.958	0.980	1.000
Growth	27 171	0.400	1.069	-0.669	-0.030	0.133	0.422	7.421
Dep	27 171	0.024	0.016	-0.006	0.012	0.021	0.033	0.077
Lev_Median	27 171	0.422	0.102	0.145	0.368	0.378	0.469	0.708

5.3.2 基本回归结果分析

前文的理论分析指出，并购可以通过缓解企业融资约束程度、提升企业社会责任表现以及增强企业风险承担水平来加快企业的资本结构动态调整速度。为此，我们根据温忠麟等（2004）提出的中介效应检验程序，通过构建模型（4）至模型（10）进一步检验融资约束、企业社会责任以及企业风险承担水平是否在企业并购与资本结构动态调整速度之间存在中介效应。

（1）融资约束中介效应检验

在“企业并购→资本结构动态调整速度”机制研究中，本章首先嵌入融资约束变量并基于“企业并购→缓解融资约束→加快企业资本结构动态调整速度”的逻辑对融资约束的中介机制进行检验。表5-3列（1）报告了企业并购对企业资本结构动态调整速度影响的主效应回归结果，检验结果表明企业并购对企业资本结构动态调整速度存在显著的促进效应；列（2）报告了企业并购对企业融资约束程度的影响效应，检验结果显示，并购强度变量（Rsize）的回归系数在5%的置信水平上显著为负，表明企业并购有助于缓解企业融资约束程度；进一步地，列（3）报告了并购强度变量（Rsize）和中介变量融资约束变量（FC）对企业资本结构动态调整速度共同影响效应的检验结果，可以看出，并购强度变量与企业资本结构变量交互项（Rsize×Lev）的回归系数在1%的置信水平上显著为负，而且其绝对值与列（1）的并购强度变量与企业资本结构变量交互项系数的绝对值相比显著地减少了，此外，企业融资约束程度变量与企业资本结构变量交互项（FC×Lev）的回归系数在1%的置信水平上显著为正，即企业融资约束对企业资本结构动态调整速度存在显著的抑制效应。上述检验结果表明企业融资约束在并购与资本结构动态调整速度之间的关系中存在部分中介效应，由此形成“企业并购→缓解融资约束→加快企业资本结构动态调整速度”的内在作用机制，研究假设H3得到验证。

表5-3　**并购对资本结构动态调整速度影响的机制检验结果**

变量	（1）Lev	（2）FC	（3）Lev	（4）CSR	（5）Lev	（6）Risk	（7）Lev
Lev	0.889*** （220.35）	5.421*** （67.32）	0.314*** （32.82）	0.161*** （12.37）	0.895*** （193.27）	−0.004** （−2.42）	0.900*** （179.87）
Rsize	0.185*** （7.95）	−0.056** （−2.08）	0.108*** （6.43）	0.033** （1.99）	0.186*** （7.99）	0.001** （2.06）	0.183*** （7.46）
FC			0.006*** （7.02）				
CSR					0.017*** （3.29）		
Risk							0.046 （0.67）
Rsize×Lev	−0.484*** （−7.71）		−0.316*** （−6.68）		−0.483*** （−7.70）		−0.482*** （−7.23）
FC×Lev			0.009*** （4.49）				

续表

变量	(1) Lev	(2) FC	(3) Lev	(4) CSR	(5) Lev	(6) Risk	(7) Lev
CSR×Lev					-0.020** (-2.09)		
Risk×Lev							-0.427*** (-2.84)
Size	0.004*** (7.32)	-0.204*** (-14.36)	0.022*** (11.45)	0.022*** (9.55)	0.003*** (6.52)	-0.002*** (-8.13)	0.003*** (6.22)
Roa	-0.101*** (-7.65)	-7.177*** (-33.82)	-0.083*** (-4.92)	-0.161*** (-5.08)	-0.095*** (-7.17)	-0.151*** (-25.36)	-0.124*** (-8.92)
Tang	0.000 (0.03)	-1.963*** (-14.22)	-0.052*** (-4.08)	-0.045** (-2.01)	0.002 (0.37)	-0.028*** (-8.57)	-0.003 (-0.49)
Growth	0.001* (1.77)	0.012 (1.20)	-0.002*** (-3.18)	-0.000 (-0.11)	0.001 (1.59)	0.000** (1.97)	0.001** (2.25)
Dep	-0.172*** (-4.68)	-7.739*** (-8.56)	0.133 (1.41)	-0.758*** (-5.35)	-0.172*** (-5.04)	0.114*** (5.63)	-0.149*** (-3.83)
Lev_Median	-0.045*** (-2.59)	-0.368 (-1.15)	0.048 (1.61)	-0.275*** (-4.43)	0.047*** (7.72)	0.009 (1.22)	-0.042* (-1.84)
Year、Industry	控制	控制	控制	控制	控制	控制	控制
截距项	0.003 (0.21)	5.310*** (13.45)	-0.322*** (-6.46)	-0.026 (-0.42)	-0.032*** (-2.60)	0.122*** (14.48)	0.009 (0.54)
N	27 171	26 660	26 614	27 171	27 171	26 098	23 895
R^2	0.479	0.161	0.299	0.275	0.480	0.120	0.445

(2) 企业社会责任中介效应检验

本书接着嵌入企业社会责任变量并基于“企业并购→提升企业社会责任表现→加快企业资本结构动态调整速度”的逻辑对企业社会责任的中介机制进行检验。表5-3列（4）报告了企业并购对企业社会责任表现的影响效应，检验结果显示，并购强度变量（Rsize）的回归系数在5%的置信水平上显著为正，表明企业并购有助于提升企业社会责任表现；进一步地，列（5）报告了并购强度变量（Rsize）和中介变量企业社会责任变量

（CSR）对企业资本结构动态调整速度共同影响效应的检验结果，可以看出，并购强度变量与企业资本结构变量交互项（Rsize×Lev）的回归系数在1%的置信水平上显著为负，而且其绝对值与列（1）的并购强度变量与企业资本结构变量交互项系数的绝对值相比显著地减少了，此外，企业社会责任变量与企业资本结构变量交互项（CSR×Lev）的估计系数在5%的置信水平上显著为负，即企业社会责任对企业资本结构动态调整速度存在显著的促进效应。上述检验结果表明企业社会责任在企业并购与资本结构动态调整速度之间的关系中存在部分中介效应，由此形成“企业并购→提升企业社会责任表现→加快企业资本结构动态调整速度”的内在作用机制，研究假设H4得到验证。

（3）企业风险承担水平中介效应检验

本书最后嵌入企业风险承担水平变量并基于“企业并购→增强企业风险承担水平→加快企业资本结构动态调整速度”的逻辑对企业风险承担水平的中介机制进行检验。表5-3列（6）报告了企业并购对企业风险承担水平的影响效应，检验结果显示，并购强度变量（Rsize）的回归系数在5%的置信水平上显著为正，表明企业并购有助于增强企业风险承担水平；进一步地，列（7）报告了并购强度变量（Rsize）和中介变量企业风险承担水平变量（Risk）对企业资本结构动态调整速度共同影响效应的检验结果，可以看出，并购强度变量与企业资本结构变量交互项（Rsize×Lev）的回归系数在1%的置信水平上显著为负，而且其绝对值与列（1）的并购强度变量与企业资本结构变量交互项系数的绝对值相比显著地减少了，此外，企业风险承担水平变量与企业资本结构变量交互项（Risk×Lev）的回归系数在1%的置信水平上显著为负，即企业风险承担水平对企业资本结构动态调整速度存在显著的促进效应。上述检验结果表明企业风险承担水平在企业并购与资本结构动态调整速度之间的关系中存在部分中介效应，由此形成“企业并购→增强企业风险承担水平→加快企业资本结构动态调整速度”的内在作用机制，研究假设H5得到验证。

5.3.3 稳健性检验

为了增强研究结论的稳健性，本书进一步采用变量替换法对融资约束、企业社会责任以及企业风险承担水平的中介效应进行稳健性检验。其中，并购强度变量用企业并购变量（Merger）进行替换，融资约束变量用利息支出占负债的比例进行替换（余明桂等，2009），企业社会责任变量用和讯网企业社会责任报告评分进行替换（刘柏和卢家锐，2018），企业风险承担水平变量以五年为一个观测时段计算经行业和年度均值调整后的资产收益率的波动性进行替换（余明桂等，2013），并基于模型（4）至模型（10）重新对融资约束、企业社会责任以及企业风险承担水平在企业并购与资本结构动态调整速度之间关系中的中介效应进行检验。表5-4的稳健性检验结果显示，融资约束的中介效应、企业社会责任的中介效应以及企业风险承担水平的中介效应均仍然成立，研究假设H3~H5得到进一步验证。

表5-4 并购对资本结构动态调整速度影响机制的稳健性检验结果

变量	(1) Lev	(2) FC1	(3) Lev	(4) CSR1	(5) Lev	(6) Risk1	(7) Lev
Lev	0.888*** (218.18)	0.017*** (29.47)	0.314*** (54.06)	0.159*** (12.31)	0.891*** (189.12)	−0.007*** (−5.73)	0.907*** (158.10)
Merger	0.029*** (8.17)	−0.001*** (−7.03)	0.019*** (5.72)	0.014*** (4.07)	0.029*** (8.17)	0.001** (2.52)	0.028*** (7.46)
FC1			0.123 (1.41)				
CSR1					0.016*** (3.05)		
Risk1							0.102 (1.38)
Lev×Merger	−0.058*** (−7.38)		−0.029*** (−4.10)		−0.057*** (−7.41)		−0.055*** (−6.61)
Lev×FC1			3.663*** (19.80)				

续表

变量	(1) Lev	(2) FC1	(3) Lev	(4) CSR1	(5) Lev	(6) Risk1	(7) Lev
Lev×CSR1					-0.018* (-1.84)		
Lev×Risk1							-0.585*** (-3.52)
Size	0.004*** (7.91)	0.001*** (5.17)	0.016*** (20.25)	0.022*** (9.57)	0.004*** (7.62)	-0.002*** (-12.00)	0.003*** (5.03)
Roa	-0.103*** (-7.88)	-0.027*** (-19.59)	-0.124*** (-10.51)	-0.164*** (-5.19)	-0.101*** (-7.64)	-0.121*** (-23.44)	-0.108*** (-7.43)
Tang	0.004 (0.57)	-0.011*** (-10.69)	-0.062*** (-8.00)	-0.038* (-1.73)	0.004 (0.67)	-0.026*** (-11.76)	-0.002 (-0.24)
Growth	0.001 (1.52)	-0.001*** (-8.30)	-0.001** (-2.49)	-0.000 (-0.10)	0.001 (1.53)	0.001*** (3.14)	0.001 (1.39)
Dep	-0.168*** (-4.59)	0.209*** (31.76)	-0.193*** (-3.73)	-0.753*** (-5.32)	-0.161*** (-4.41)	0.096*** (8.02)	-0.129*** (-3.05)
Lev_Median	-0.043** (-2.46)	0.011*** (4.59)	0.026 (1.50)	-0.277*** (-4.48)	-0.041** (-2.36)	0.020** (2.58)	-0.049* (-1.67)
Year、Industry	控制	控制	控制	控制	控制	控制	控制
截距项	-0.007 (-0.42)	0.005* (1.71)	-0.199*** (-8.78)	-0.028 (-0.45)	-0.008 (-0.53)	0.081*** (16.46)	0.017 (0.89)
N	27 171	27 171	27 171	27 171	27 171	23 835	21 547
R^2	0.477	0.126	0.283	0.274	0.477	0.126	0.410

第 6 章

企业并购影响资本结构动态调整的路径分析

6.1 理论分析与研究假设

以往文献主要通过构建局部调整模型与债务-权益选择模型来检验企业资本结构是否存在动态调整行为（Hovakimian and Li，2011；李井林等，2015）。其中，局部调整模型主要通过估计企业资本结构动态调整的平均速度来验证资本结构动态权衡理论，从而间接验证企业资本结构存在动态调整行为（Flannery and Rangan，2006；李井林，2014）；而债务-权益选择模型主要通过考察企业基于其实际资本结构水平与目标资本结构水平之间的偏离程度选择债务融资还是股票融资的可能性，以验证企业资本结构是否存在动态调整行为（Hovakimian and Li，2011；李井林等，2015）。本书已经通过构建资本结构局部调整模型验证了企业资本结构动态调整行为的存在性假设以及企业并购对企业资本结构动态调整的影响效应及影响机制，那么企业并购又是通过何种渠道或路径影响企业资本结构动态调整的呢？由于企业并购将企业投资行为与融资行为有效结合起来，为我们观察企业是如何利用并购机会调整优化资本结构提供了一个窗口，借鉴债务-权益选择模型考察企业资本结构是否存在动态调整行为的研究思路，我们可以分别构建并购支付方式选择模型与并购融资方式选择模型，检验并购企业基于其实际资本结构水平与目标资本结构水平之间的偏离程度而选择股票支付方式与股票融资方式的可能性，即从并购支付方式与并购融资方式选择行为视角考察企业并购对企业资本结构动态调整的影响路径。如果相比杠杆不足（实际资本结构水平低于目标资本结构水平）并购企业，过度杠杆（实际资本结构水平高于目标资本结构水平）并购企业选择股票支付方式和股票融资方式的可能性更大，那么则可以认为目标资本结构水平在并购企业选择并购支付方式与并购融资方式时发挥了重要作用。当然，我们也可以在并购支付方式与并购融资方式选择模型中同时加入优序融资理论变量与市场择时理论变量，同时检验资本结构三种竞争性理论对企业并购支付方式与并购融资方式选择行为的解释力。

资本结构动态权衡理论认为企业资本结构不仅存在目标水平，而且当企业实际资本结构偏离其目标水平时，会采取相应的融资政策将资本结构调整至目标水平（Flannery and Rangan，2006；Harford et al.，2009；Huang and Ritter，2009）。根据资本结构动态权衡理论，就目标资本结构对企业并购支付方式选择行为的影响而言，以往研究发现现金对价并购的现金通常来自于债务融资，导致企业杠杆率上升和目标杠杆率偏离显著增大（Harford et al.，2009）。因此，过度杠杆企业选择现金支付并购对价的可能性较小。企业并购支付方式选择行为的资本结构动态调整动机也得到了经验证据的支持，Harford et al.（2009）研究发现企业杠杆率偏差与并购对价中现金支付的比例显著负相关。进一步地，Uysal（2011）以及Alexandridis et al.（2020）均研究发现过度杠杆降低了并购对价中现金支付的可能性。Huang et al.（2012）以及Vermaelen and Xu（2014）也得到了一致的研究结论。国内学者基于中国上市公司并购交易数据也研究发现并购支付方式选择行为也遵循资本结构动态权衡理论（李井林等，2017）。赵息和孙世攀（2015）以及刘俊毅和白彦（2018）均研究发现当企业杠杆赤字越高，采用现金对价并购的可能性越小。其原因在于并购企业实际资本结构越高于其目标水平，会面临越大的融资压力和财务风险，进而会限制并购企业债务融资行为，限制并购企业通过债务融资筹集现金来支付并购对价（赵子坤，2017）。就目标资本结构对并购融资方式选择行为的影响而言，以往研究普遍认为当企业实际资本结构偏离其目标水平时，过度杠杆并购企业选择股权融资方式的可能性更大，而杠杆不足并购企业选择债务融资方式的可能性更大。即并购企业通常会根据其实际的资本结构水平利用并购机会选择相应的融资政策进行资本结构动态调整（Harford et al.，2009）。李井林（2014）、李井林等（2015）、李井林（2017）以及赵息和陈佳琦（2018）均研究发现目标资本结构对企业并购融资方式选择行为存在显著的影响效应，相比杠杆不足并购企业，过度杠杆并购企业选择股票融资方式的可能性更大。基于上述分析，我们认为企业并购支付方式与并购融资方式选择行为存在资本结构动态调整动机，即并购对资本结构动态调整的影响路径在于并购企业基于实际资本结构与其目标资本结构水平的偏离程度而选择相应的并购支付方式与并购融资方式以实现资本结构动态调整。

然而，与资本结构动态权衡理论认为并购支付方式与并购融资方式存在资本结构动态调整动机的观点不同的是，资本结构优序融资理论与市场择时理论认为影响企业并购支付方式与并购融资方式选择行为的因素并非实际资本结构与目标资本结构之间的偏离程度而是其他。优序融资理论与市场择时理论对企业并购支付方式与并购融资方式选择行为的预测也得到了一些经验证据的支持。Martynova and Renneboog（2009）研究发现企业并购融资方式选择行为遵循优序融资理论。具体而言，现金充裕的并购企业会选择自有资金支付并购对价；而当并购企业自有资金不足以完全支付并购对价而需求助于外部融资时，相比股票融资，选择债务融资的可能性更大；进一步地，当并购企业虽然存在自有资金约束但仍然具备充足的债务融资能力时，相比股票融资，选择债务融资的可能性更大；最后，当并购企业既没有充足的内部自有资金而债务融资能力又受限时，才有可能选择股票融资。此外，并购支付方式选择行为遵循市场择时理论也得到了经验证据的支持，即当并购企业股价被市场高估时，并购企业选择股票支付方式的可能性更大；而当并购企业股价被市场低估时，并购企业选择现金支付方式的可能性更大（Rhodes-Kropf et al.，2005；Dong et al.，2006）。

基于上述分析，根据资本结构动态权衡理论，我们认为，与杠杆不足并购企业相比，过度杠杆并购企业选择股票支付方式与股票融资方式的可能性更大；根据优序融资理论，我们认为，当并购企业存在资金缺口时，并购企业选择股票支付方式与股票融资方式的可能性较小；根据市场择时理论，我们认为，当并购企业股价被市场高估时，并购企业选择股票支付方式与股票融资方式的可能性更大。基于此，本书提出如下待检验的研究假设：

研究假设H6：与杠杆不足并购企业相比，过度杠杆并购企业选择股票支付方式与股票融资方式的可能性更大。

研究假设H7：当并购企业存在资金缺口时，并购企业选择股票支付方式与股票融资方式的可能性较小。

研究假设H8：当并购企业股价被市场高估时，并购企业选择股票支付方式与股票融资方式的可能性更大。

6.2 研究设计

6.2.1 样本选择与数据来源

由于我国资本市场股权分置改革于2006年年底基本完成，从2007年起，我国资本市场上市公司并购交易案例以及采用股票支付方式完成并购交易对价的案例数量开始大量增加。因此，本章并购事件的样本区间为2007年至2020年。并购交易相关数据来自CSMAR并购重组数据库，并购企业样本期间各年财务数据来自CSMAR其他数据库，并根据并购企业样本期间的年度报告信息对样本数据进行了补充与核对。为了控制异常观测值的影响，本章对连续型变量进行了上下1%的缩尾处理。

此外，借鉴以往文献的做法，本章还基于以下标准对并购事件样本进行筛选：①企业并购事件定义为首次公告日在样本期内且企业作为买方（并购方）的并购重组事件。②只保留并购交易成功的并购事件。③剔除资产剥离、资产置换、债务重组、股份回购以及股权转让事件，仅保留资产收购、吸收合并以及要约收购事件（万良勇和胡璟，2014）。④将首次公告日相同、并购标的相同的并购交易视为同一事件，在公司层面进行合并（万佳宇等，2021）。为了缓解同一公司不同并购事件的影响，对于在同一年进行过多次并购的公司，我们仅保留当年所完成的第一起并购事件（蒋冠宏，2021）。⑤剔除并购企业属于金融保险类行业的并购事件，同时剔除资不抵债的并购企业。⑥剔除曾被实施ST、*ST特殊处理的并购企业以及变量观测值缺失较多的并购企业。

基于上述标准对并购事件初始样本进行处理后，最终得到2007年至2020年样本期间共计4 635个并购事件样本，其中股票支付对价并购交易1 018起，股票融资并购交易1 586起。

6.2.2　变量定义与模型设定

（1）变量定义

被解释变量：

① 并购支付方式（Payment）。借鉴李井林等（2015）、Martynova and Renneboog（2009）以及翟进步等（2011）等文献定义并购支付方式的做法，将并购中采用股票支付、现金和股票混合支付以及股票和资产混合支付归类为股票支付方式，赋值为1，否则赋值为0。

② 并购融资方式（Finance）。将并购中采用发行股票、使用自有资金及发行股票以及采用定向增发、库藏股、持有的其他公司股票为资金来源归类为股票融资方式，赋值为1，否则赋值为0。

解释变量：杠杆偏离度（DLev）。借鉴Harford et al.（2009）以及Uysal（2011）等文献对杠杆偏离度的测度方法，本书采用上市公司实际资本结构与目标资本结构之间的偏差来测度杠杆偏离度，其中，目标资本结构由其影响因素对公司实际资本结构进行回归估计所得。

控制变量：据以往文献（李井林等，2015；赵息和孙世攀，2015；赵息和陈佳琦，2018）的做法，本书主要控制如下企业特征变量，包括企业规模、企业盈利能力、企业有形资产比率、企业成长性、企业非债务税盾、行业杠杆水平、企业资金缺口、企业市场择时、企业股权集中度以及企业产权性质，此外，本章还控制了行业与时间固定效应。本章主要变量定义见表6-1。

表6-1 **变量定义**

变量类型	变量名称	变量符号	变量度量
被解释变量	并购支付方式	Payment	股票支付方式为1，其他支付方式为0
	并购融资方式	Finance	股票融资方式为1，其他融资方式为0
解释变量	杠杆偏离度	DLev	实际资本结构-目标资本结构（$Lev-Lev^*$）
控制变量	企业规模	Size	公司总资产的自然对数
	企业盈利能力	Roa	净利润/总资产
	有形资产比率	Tang	有形资产总额／总资产
	企业成长性	Growth	（本期营业收入-上期营业收入）/上期营业收入
	非债务税盾	Dep	折旧摊销/总资产
	行业杠杆中值	Lev_Median	企业所在行业的资本结构中值
	资金缺口	FIN_DEF	（股利支出+资本支出+营运资本增量+一年内到期的长期负债-息税后经营现金流量）/总资产
	市场择时	M/B_EFWA	$M/B\_EFWA_{t-1}=\sum_{j=0}^{t-1}\left[\frac{\Delta equity_j+\Delta debt_j}{\sum_{j=0}^{t-1}(\Delta equity_j+\Delta debt_j)}\times(M/B)_j\right]$
	股权集中度	Top1	公司第一大股东持股比例
	企业产权性质	State	国有企业赋值为1，否则为0
	行业效应	Industry	行业虚拟变量，属于该行业时赋值为1，否则为0
	时间效应	Year	年度虚拟变量，属于该年度时赋值为1，否则为0

（2）并购支付与融资方式选择模型设定

本书借鉴 Hovakimian and Li（2011）、李井林（2014）以及李井林等（2015）检验企业资本结构动态调整行为的方法[①]，分别构建了并购支付方式选择模型与并购融资方式选择模型，考察目标资本结构、资金缺口以及市场择时因素对企业并购支付方式与并购融资方式选择行为的影响，即考察企业并购影响企业资本结构动态调整行为是通过何种路径而产生的。并购支付方式选择模型与并购融资方式选择模型分别如模型（1）和模型（2）所示：

$$\mathrm{Ln}\left(\frac{P(\mathrm{Payment}=1|X,\ \alpha)}{1-P(\mathrm{Payment}=1|X,\ \alpha)}\right)=\alpha_0+\alpha_1 \mathrm{DLev}_{it-1}+\alpha_2 \mathrm{FIN\_DEF}_{it-1}+\alpha_3 \mathrm{M/B\_EFWA}_{it-1}+\alpha_i \mathrm{Control}_{it-1}+\varepsilon_{it} \tag{1}$$

$$\mathrm{Ln}\left(\frac{P(\mathrm{Finance}=1|X,\ \beta)}{1-P(\mathrm{Finance}=1|X,\ \beta)}\right)=\beta_0+\beta_1 \mathrm{DLev}_{it-1}+\beta_2 \mathrm{FIN\_DEF}_{it-1}+\beta_3 \mathrm{M/B\_EFWA}_{it-1}+\beta_i \mathrm{Control}_{it-1}+\varepsilon_{it} \tag{2}$$

在模型（1）中，Payment表示并购支付方式，为二值虚拟变量，股票支付方式赋值为1，其他支付方式则赋值为0。在模型（2）中，Finance表示并购融资方式，为二值虚拟变量，股票融资方式赋值为1，其他融资方式赋值为0。模型（1）与模型（2）中，DLev表示公司实际资本结构与目标资本结构之间的偏离程度，用以检验目标资本结构对并购支付方式与融资方式选择的影响，M/B_EFWA与FIN_DEF分别用以考察市场择时理论与优序融资理论对并购支付方式与融资方式选择的解释力。Control为本书主要考虑的控制变量，包括企业规模（Size）、企业盈利能力（Roa）、企业有形资产比率（Tang）、企业成长性（Growth）、企业非债务税盾（Dep）、行业杠杆中值（Lev_Median）、企业股权集中度（Top1）以及企业产权性质（State）。此外，本书还控制了行业效应（Industry）和时间效应（Year）。

① Hovakimian and Li（2011）用以检验目标资本结构存在性所构建的负债与权益选择的回归模型为：（1）$\mathrm{DI}^*_{i,\ T+1}=\alpha+\beta\left(\mathrm{BDR}^*_{i,\ T+1}-\mathrm{BDR}_{i,\ T}\right)+\varepsilon_{i,\ T+1}$；（2）$\mathrm{ER}^*_{i,\ T+1}=\alpha+\beta\left(\mathrm{BDR}^*_{i,\ T+1}-\mathrm{BDR}_{i,\ T}\right)+\varepsilon_{i,\ T+1}$。他们所构建的负债与权益选择模型为二值潜变量模型，其中模型（1）与模型（2）中的$\mathrm{BDR}^*_{i,\ T+1}$为通过对资本结构影响因素进行回归估计所得到的公司目标资本结构。模型（1）中$\mathrm{DI}^*_{i,\ T+1}$为衡量公司发行债务而非股票倾向的连续潜变量，与其所对应的可观测到的二值虚拟变量为：如果公司发行债务，则赋值为1；而如果公司发行股票，则赋值为0。模型（2）中的$\mathrm{ER}^*_{i,\ T+1}$为衡量公司回购股票而非回购债务倾向的连续潜变量，而与其所对应的可观测到的二值虚拟变量为：如果公司回购股票，则赋值为1；而如果公司回购债务，则赋值为0。他们认为如果目标资本结构具有重要性，即如果目标资本结构存在，则实际资本结构与目标资本结构的偏差$\left(\mathrm{BDR}^*_{i,\ T+1}-\mathrm{BDR}_{i,\ T}\right)$的系数β应该为正，且具有统计与经济上的显著性。

6.3 实证检验与结果分析

6.3.1 描述性统计分析

表6-2报告了本章主要变量的描述性统计结果。可以看出，并购支付方式变量（Payment）的平均值和中位数分别为0.220和0.000。并购融资方式变量（Finance）的平均值和中位数分别为0.259和0.000，说明上市公司并购交易主要采用现金支付方式，采用自有资金或债务融资完成。杠杆偏离度变量（DLev）的平均值和中位数分别为0.006和0.005，最小值和最大值分别为-0.232和0.240，标准差为0.088，说明杠杆偏离度在样本公司之间存在较大差异，进而会影响并购支付与融资方式的选择。此外，各控制变量的标准差也较大，其观测值在样本公司之间也存在较大差异，进而会对并购支付与融资方式选择产生一定影响。

表6-2 变量描述性统计结果

变量	N	平均值	标准差	最小值	25%分位数	中位数	75%分位数	最大值
Payment	4 635	0.220	0.414	0.000	0.000	0.000	0.000	1.000
Finance	4 635	0.259	0.438	0.000	0.000	0.000	1.000	1.000
DLev	4 635	0.006	0.088	-0.232	-0.047	0.005	0.057	0.240
Rsize	4 635	0.114	0.150	0.000	0.011	0.043	0.155	0.495
Size	4 635	22.121	1.212	19.677	21.255	21.934	22.781	26.024
Roa	4 635	0.044	0.050	-0.219	0.020	0.042	0.069	0.197
Tang	4 635	0.890	0.112	0.549	0.847	0.933	0.968	1.000
Growth	4 605	0.490	1.158	-0.669	0.002	0.184	0.511	7.421
Dep	4 635	0.022	0.014	0.000	0.011	0.019	0.029	0.077
Lev_Median	4 635	0.405	0.095	0.227	0.351	0.376	0.407	0.717
FIN_DEF	4 635	0.062	0.133	-0.244	-0.019	0.043	0.129	0.529
M/B_EFWA	4 635	5.226	6.160	0.000	2.158	3.980	6.201	46.104
Top1	4 635	0.344	0.146	0.041	0.229	0.327	0.444	0.754
State	4 635	0.262	0.440	0.000	0.000	0.000	1.000	1.000

6.3.2 基本回归结果分析

（1）目标资本结构对并购支付方式与并购融资方式选择行为的影响

表6-3列（1）和列（2）报告了目标资本结构对并购支付方式选择影响的Logit回归结果。列（1）报告了在只控制行业和时间效应的情况下，实际资本结构与目标资本结构偏离度对并购企业选择股票支付方式的影响。可以看出，杠杆偏离度变量（DLev）的估计系数在1%的置信水平上显著为正；进一步地，在控制其他变量后，列（2）的回归结果显示杠杆偏离度变量（DLev）的估计系数仍然在1%的置信水平上显著为正。该检验说明并购企业实际资本结构与其目标资本结构的偏离程度（$Lev-Lev^*$）越大，并购企业选择股票支付方式的可能性越大，即相比杠杆不足并购企业，过度杠杆并购企业选择股票支付方式的可能性更大。同样地，表6-3列（3）和列（4）报告了目标资本结构对并购融资方式选择影响的Logit回归结果。列（3）报告了在只控制行业和时间效应的情况下，实际资本结构与目标资本结构偏离度对并购企业选择股票融资方式的影响，可以看出，杠杆偏离度变量（DLev）的估计系数在1%的置信水平上显著为正；进一步地，在控制其他变量后，列（4）的回归结果显示杠杆偏离度变量（DLev）的估计系数仍然在1%的置信水平上显著为正。该检验说明并购企业实际资本结构与其目标资本结构的偏离程度（$Lev-Lev^*$）越大，并购企业选择股票融资方式的可能性越大，即相比杠杆不足并购企业，过度杠杆并购企业选择股票融资方式的可能性更大。上述目标资本结构对并购支付方式与并购融资方式选择影响的检验结果表明，相比杠杆不足并购企业，过度杠杆并购企业选择股票支付方式与股票融资方式的可能性更大，研究假设H6得到验证，说明企业并购支付方式与并购融资方式的选择行为遵循资本结构动态权衡理论。

表6-3 **目标资本结构对并购支付与融资方式选择影响的检验结果**

变量	并购支付方式选择（Logit模型）		并购融资方式选择（Logit模型）	
	（1）	（2）	（3）	（4）
DLev	1.192***	1.176***	1.578***	1.615***
	（2.81）	（2.73）	（4.02）	（4.05）

续表

变量	并购支付方式选择（Logit模型）		并购融资方式选择（Logit模型）	
	（1）	（2）	（3）	（4）
Rsize		-0.178 （-0.47）		-0.234 （-0.67）
Size		-0.267*** （-6.93）		-0.253*** （-7.17）
Roa		-1.446** （-2.26）		-1.395** （-2.33）
Tang		-1.042*** （-2.66）		-1.115*** （-3.10）
Growth		0.041 （1.18）		0.037 （1.16）
Dep		3.050 （1.20）		-0.516 （-0.21）
Lev_Median		-3.531** （-2.26）		-3.983*** （-2.67）
FIN_DEF		0.501* （1.80）		0.591** （2.28）
M/B_EFWA		-0.018** （-2.48）		-0.019*** （-2.82）
Top1		-0.139 （-0.55）		-0.028 （-0.12）
State		-0.128 （-1.49）		-0.220*** （-2.75）
Year、Industry	控制	控制	控制	控制
截距项	-4.804*** （-10.33）	3.014** （2.38）	-4.845*** （-10.83）	3.251*** （2.74）
N	4 635	4 635	4 635	4 635
Wald chi2	572.41***	570.64***	689.53***	678.52***
Pseudo R^2	0.079	0.093	0.085	0.100

（2）企业资金缺口对并购支付方式与并购融资方式选择行为的影响

表6-3列（2）和列（4）分别报告了企业资金缺口对并购支付方式与

并购融资方式选择行为影响的Logit回归结果。可以看出，无论是对并购支付方式选择行为的影响，还是对并购融资方式选择行为的影响，企业资金缺口变量（FIN_DEF）的估计系数均显著为正，即企业资金缺口程度越大，选择股票支付方式与股票融资方式的可能性越大，研究假设H7并未得到支持，说明企业并购支付方式与并购融资方式选择行为并不遵循优序融资理论。然而，杠杆偏离度变量（DLev）的估计系数均在1%的置信水平上显著为正，说明在考虑企业资金缺口的影响时，实际资本结构与目标资本结构的偏离度仍然对股票支付方式与股票融资方式存在显著的正向影响效应，即并购支付方式与并购融资方式选择行为存在资本结构动态调整动机。

（3）市场择时对并购支付方式与并购融资方式选择行为的影响

表6-3列（2）和列（4）也分别报告了企业市场择时对并购支付方式与并购融资方式选择行为影响的Logit回归结果。可以看出，无论是对并购支付方式选择行为的影响，还是对并购融资方式选择行为的影响，企业市场择时变量（M/B_EFWA）的估计系数均显著为负，即企业股价越被市场高估，选择股票支付方式与股票融资方式的可能性越小，研究假设H8并未得到支持，说明企业并购支付方式与并购融资方式选择行为并不遵循市场择时理论。然而，杠杆偏离度变量（DLev）的估计系数均在1%的置信水平上显著为正，说明在考虑企业市场择时的影响时，实际资本结构与目标资本结构的偏离度仍然对股票支付方式与股票融资方式存在显著的正向影响效应，即并购支付方式与并购融资方式选择行为存在资本结构动态调整动机。

综合上述分析，本书认为并购企业在选择并购支付方式与并购融资方式时，存在资本结构动态调整动机，即相比杠杆不足并购企业，过度杠杆并购企业选择股票支付方式与股票融资方式的可能性更大。但是企业并购支付方式与并购融资方式选择行为并不遵循资本结构优序融资理论和市场择时理论，从而进一步支持了企业资本结构动态调整行为的存在性假设。

6.3.3 稳健性检验

（1）样本替换

由于股票支付方式下并购交易只能选择股票融资方式，因此，本章进一步考察现金支付方式下的并购融资方式选择行为。表6-4列（1）的Probit模型回归结果显示，在现金对价并购样本中，杠杆偏离度变量（DLev）的系数仍然在1%的置信水平上显著为正，表明相比杠杆不足并购企业，过度杠杆并购企业倾向于选择股票融资方式，研究假设H6得到进一步验证。此外，资金缺口变量（FIN_DEF）与市场择时变量（M/B_EFWA）的回归系数未通过统计意义上的显著性检验，说明优序融资理论和市场择时理论并不能解释并购企业的融资方式选择行为，研究假设H7和研究假设H8仍然未得到支持。

表6-4　目标资本结构对并购支付与融资方式选择影响的稳健性检验结果

变量	（1）现金支付下的并购融资方式选择（Probit模型）	（2）并购支付方式选择（Probit模型）	（3）并购融资方式选择（Probit模型）
DLev	1.274*** （3.47）	0.544*** （2.77）	0.747*** （4.02）
Rsize	-0.156 （-0.46）	-0.085 （-0.47）	-0.093 （-0.54）
Size	-0.048 （-1.61）	-0.110*** （-6.42）	-0.107*** （-6.64）
Roa	-0.468 （-0.83）	-0.646** （-2.20）	-0.649** （-2.33）
Tang	-0.460 （-1.43）	-0.468** （-2.55）	-0.515*** （-2.99）
Growth	0.002 （0.08）	0.017 （1.09）	0.016 （1.04）
Dep	-9.518*** （-3.27）	1.670 （1.45）	0.053 （0.05）

续表

变量	（1）现金支付下的并购融资方式选择（Probit模型）	（2）并购支付方式选择（Probit模型）	（3）并购融资方式选择（Probit模型）
Lev_Median	−3.198* (−1.68)	−1.626** (−2.40)	−1.797*** (−2.72)
FIN_DEF	0.307 (1.30)	0.256** (2.00)	0.304** (2.50)
M/B_EFWA	−0.008 (−1.50)	−0.007** (−2.45)	−0.008*** (−2.85)
Top1	0.228 (1.04)	−0.065 (−0.56)	−0.004 (−0.03)
State	−0.273*** (−3.58)	−0.044 (−1.16)	−0.087** (−2.41)
Year、Industry	控制	控制	控制
截距项	0.025 (0.02)	0.925* (1.69)	1.085** (2.08)
N	3 583	4 635	4 635
Wald chi2	165.21***	542.21***	652.44***
Pseudo R^2	0.096	0.091	0.097

（2）模型替换

本章进一步采用Probit回归模型对模型（1）和模型（2）进行模型替换，并重新进行回归估计。表6-4列（2）和列（3）的Probit回归估计结果显示，杠杆偏离度变量（DLev）的系数仍然在1%的置信水平上显著为正，表明相比杠杆不足并购企业，过度杠杆并购企业倾向于选择股票支付与融资方式，研究假设H6得到进一步验证。此外，资金缺口变量（FIN_DEF）的回归系数显著为正，市场择时变量（M/B_EFWA）的回归系数显著为负，说明并购企业的支付方式和融资方式选择行为并不遵循优序融资理论和市场择时理论，研究假设H7和研究假设H8仍然未得到支持。

第7章

研究结论、政策建议与未来展望

7.1 研究结论

本书以我国沪深交易所2007—2020年A股上市公司数据和并购事件为研究样本，基于资本结构与并购的相关理论，结合我国制度环境，构建并购影响企业资本结构动态调整速度的“效应-机制-路径”分析框架，考察企业并购对资本结构动态调整速度的影响效应、机制以及路径，并得到如下研究结论。

第一，企业资本结构存在动态调整行为。本书通过构建资本结构局部调整模型，对资本结构的动态权衡理论、优序融资理论以及市场择时理论同时进行检验。研究发现，资本结构动态权衡理论得到实证结果支持，并且相比优序融资理论和市场择时理论，动态权衡理论对企业资本结构行为的解释力更强，从而验证了企业资本结构存在动态调整行为。

第二，企业并购显著加快了企业资本结构动态调整速度。在企业资本结构动态调整行为存在性研究假设得到验证的前提条件下，本书进一步考察了企业并购对企业资本结构动态调整的影响效应。研究发现，企业并购对企业资本结构动态调整速度存在显著的促进效应。

第三，企业并购通过缓解融资约束程度、提升企业社会责任表现以及增强企业风险承担水平而加快企业资本结构的动态调整速度。在企业并购对企业资本结构动态调整速度的促进效应得到验证的基础上，本书进一步从融资约束、企业社会责任与风险承担水平等视角分析企业并购对资本结构动态调整速度的影响机制。研究发现，融资约束、企业社会责任以及企业风险承担水平在企业并购与资本结构动态调整速度之间均存在部分中介效应。

第四，并购企业根据其资本结构水平选择相应的并购支付与融资方式进行资本结构动态调整。在企业并购对资本结构动态调整速度的促进效应及其机制得到验证后，本书进一步考察了企业并购对资本结构动态调整的影响路径。借鉴Hovakimian and Li（2011）以及李井林等（2015）检验企业资本结构动态调整行为的做法，从并购融资政策选择的角度，分别构建并购支付方式选择模型与并购融资方式选择模型，同时检验资本结构动态权衡理论、优序融资理论与市场择时理论对企业并购融资政策选择行为的解释力。研究发现，相比杠杆不足并购企业，过度杠杆并购企业倾向于选择股票支付与融资方式；并购支付与融资方式选择行为遵循资本结构动态权衡理论而非优序融资理论与市场择时理论。即企业目标资本结构对并购融资政策选择行为存在显著影响效应，并购公司会基于其资本结构水平选择相应的并购支付与融资方式进行资本结构动态调整。

7.2 政策建议

公司资本结构决策是基于其内外部环境的变化，以公司价值最优为目标，不断适时地对其债务杠杆进行动态调整，使其接近目标水平。本书的研究结论表明调整成本对公司资本结构的动态调整速度起主要的阻碍作用，而已有的研究文献表明国家层面因素、市场层面因素以及公司特征三个方面影响着资本结构的动态调整成本（Rajan and Zingales，1995；Booth et al.，2001；Drobetz and Wanzenried，2006；Antoniou et al.，2008；

黄辉，2009；Cook and Tang，2010；盛明泉等，2012）。因此，本书依据研究结论主要从国家层面、市场层面与公司层面三个方面提出一些有助于公司资本结构优化的政策建议。

（1）国家层面

自2008年爆发世界性的金融危机以来，欧洲国家出现了主权债务危机，美国底特律政府破产，而我国有的地方政府也遭受到金融危机的打击。根据资本结构的权衡理论，债务在带来收益的同时，也存在着成本（财务危机与破产成本），因此，从国家的角度来说，国家在利用债务的收益的同时，也需防范债务危机，确定合理的财务结构，以利于社会财富和福利的最大化。而对于公司来说，为了利于公司借助资本市场的融资功能，迅速调整资本结构至最优状态，国家需要不断建立和完善相关法律法规，维护投资者和债权人的合法权益。借鉴国际经验，根据资本市场的变化，不断完善《公司法》、《证券法》与《破产法》，还可以制定专门的《投资者保护法》。与此同时，也要加大执法力度，提高执法效率。当投资者的权益得到切实有效的保护时，公司的融资成本与资本结构调整成本也会随之降低，资本结构的调整效率的提升也有助于公司实现价值最优。

（2）市场层面

中国经济具有转轨经济加新兴市场的特征，我国企业融资方式十分有限，融资决策多受宏观因素的影响。尽管我国正不断拓宽企业的融资渠道，然而资本市场尚未完善、融资工具比较缺乏等因素都致使企业在融资决策时的选择非常有限（吴敬琏，2004）。在债权融资方面，目前我国企业的债务融资主要为银行信贷。虽然如此，随着金融体制改革，银行间的竞争也在持续加剧，这导致银行争相抢夺绩效优良的企业成为自己的客户，而绩效不佳的企业有可能被限制贷款，并且已经批准的贷款也可能被银行以控制风险为由提前收回；股权融资方面，企业上市门槛较高，同时，监管部门对资本市场的监督管理不完备，外部融资的诸多方面存在限制，我国企业融资与西方市场融资有一定差异。基于上述我国企业的债务与股权融资环境，即便企业察觉到其债务杠杆与目标水平有显著差异，公司的调整行为还会受到市场等诸多方面的限制。我国学者王皓和赵俊（2004）以及童勇（2004）研究发现，由于经济体制及市场发展程度等方面的差异，我国企业债务杠杆的调整成本相对于西方发达资本市场国家明显较高。因此，为了便于企业债务杠杆的目标调整，不仅需要拓宽企业的融资渠道，丰富融资工具，如创新企业债券品种，加快利率的市场化改革进程，降低股权融资的门槛；另外，资本市场还应不断完善信用评级制度，扶持建立优秀的信用评级机构。

（3）公司层面

首先，公司资本结构受到诸多外部环境的影响，如金融制度、行业特征等，而这些环境因素的不断变动，就要求企业需要根据实际情况采取相应的财务战略与调整策略，以此来形成公司债务杠杆与外部环境的协调发展。其次，建立资本结构动态优化机制。公司目标杠杆水平会由于其内外部环境的变动而产生变化，因此，要求公司必须动态地对债务杠杆进行管理，公司可以根据其实际杠杆结构与目标水平的偏离情况进行相应的动态调整，实现资本结构的优化。再次，合理选择融资方式。由于融资方式与资本结构之间相互影响，为了实现公司价值的最大化，公司需要根据投资项目的属性以及投资者的偏好等情况来选择相应的融资方式，以实现公司债务杠杆的最优化。最后，公司需要不断完善自身的治理结构与内部控制制度，增强公司的透明度，降低公司内外部之间的信息差异度，从而降低公司外部融资成本，最终促进公司进行资本结构的目标调整。

7.3 未来展望

本书对企业资本结构动态调整行为的存在性，以及企业并购对资本结构动态调整速度的影响效应、机制以及路径进行了深入系统的研究，打开了企业并购与资本结构动态调整行为之间的“黑箱”。然而，未来还需要在此基础上展开进一步研究。

第一，深入研究企业资本结构动态调整的影响因素与经济后果。虽然本书从企业并购视角研究了企业资本结构动态调整的影响因素，但还需要深入研究企业资本结构动态调整的影响因素与经济后果。一是企业目标资本结构确定问题。虽然本书验证了企业资本结构动态调整行为的存在性，但是由于公司内外部环境的变化，公司的目标资本结构也会进行动态调整，根据资本结构权衡理论，当企业资本结构达到目标水平时，企业价值最大化。因此，未来的研究可以通过构建面板门槛模型进一步探讨与测算企业资本结构的具体目标值问题。二是企业资本结构动态调整速度的非对称性问题。本书的研究结论表明企业资本结构存在动态调整行为，支持了资本结构的动态权衡理论。那么，过度杠杆企业与杠杆不足企业的资本结构动态调整速度是否存在非对称性？ 三是企业资本结构动态调整行为的市场反应问题。虽然本书的研究结果表明并购公司根据实际资本结构与目标资本结构的偏离程度选择相应的并购支付与融资方式进行资本结构动态调整。但是基于股东价值最大化的理念，企业进行资本结构动态调整行为的融资行为，市场会给予积极反应吗？不同实际资本结构与其目标水平偏离程度的并购企业选择不同的支付方式与融资方式时，市场会对此如何反应？过度杠杆企业分别选择股票支付方式与现金支付方式时，市场反应会存在差异吗？

第二，构建联立方程分析企业并购与企业资本结构动态调整行为的相互影响关系。以往文献主要单方面关注企业并购行为的资本结构动态调整动机或企业并购对企业资本结构动态调整行为的影响效应，较少文献关注企业并购与企业资本结构动态调整行为之间的相互影响效应。因此，学者在未来的研究过程中，应当聚焦于企业并购与资本结构动态调整之间的双向影响效应，并在此基础上扩展企业并购与资本结构动态调整相互影响的研究维度和深度，可以尝试通过构建联立方程模型等方法深入系统研究企业并购与资本结构动态调整之间的相互影响效应，并以此来控制由于两者之间相互作用而可能产生的内生性问题，增强研究结论的稳健性。

第三，基于中国情境利用并购交易活动对资本结构相关理论进行检验。目前，国外文献对于企业并购与资本结构动态调整之间关系的相关研究已经取得了丰富的研究成果，基于国外企业的并购数据与制度环境对资本结构的动态权衡理论、优序融资理论以及市场择时理论等资本结构主流理论均进行了极其充分的实证检验和分析，相较于国内，其研究体系日益规范，实证方法日渐成熟。然而，基于中国企业并购数据检验资本结构相关理论的文献目前还相对较少，同时中国与其他国家在经济发展阶段、市场化程度、监管体制以及资本市场发展程度等方面存在着显著差异。因此，基于国外资本市场的企业并购数据对资本结构相关理论进行检验所得出的研究结论对于我国企业并购数据而言不一定也能够得到支持。因此，未来的研究应当重视基于中国情境利用资本市场企业并购交易数据对资本结构相关理论进行进一步的检验，以增强资本结构相关理论在指导与阐释中国企业并购交易活动时的适用性。

参考文献

[1] 白雪洁，孙红印，汪海凤. 并购行为与市场势力：基于中国A股企业的分析 [J]. 当代经济科学，2016，38（3）：106-113，128.

[2] 常亮，连玉君. 融资约束与资本结构的非对称调整——基于动态门限模型的经验证据 [J]. 财贸研究，2013，24（2）：138-145.

[3] 常亮. 银行授信与资本结构动态调整——来自中国上市公司的经验证据 [J]. 南方经济，2012（9）：156-168.

[4] 陈仕华，姜广省，卢昌崇. 董事联结、目标公司选择与并购绩效——基于并购双方之间信息不对称的研究视角 [J]. 管理世界，2013（12）：117-132+187-188.

[5] 陈涛，李善民，周昌仕. 支付方式、关联并购与收购公司股东收益 [J]. 商业经济与管理，2013（9）：59-67.

[6] 陈胜蓝，马慧. 卖空压力与公司并购——来自卖空管制放松的准自然实验证据 [J]. 管理世界，2017（7）：142-156.

[7] 董峰. 并购和企业风险应对：信息效应与资源效应分析视角 [J]. 现代财经（天津财经大学学报），2015，35（8）：101-113.

[8] 丁建英. 兵临城下：中国上市公司并购风云（1993—2018）[M]. 北京：中国财政经济出版社，2018.

[9] 戴雨晴，李心合. 管理层权力制衡强度与资本结构调整速度——基于债务

约束效应视角 [J]. 经济管理，2021，43（4）：173-190.

[10] 符刚，吴凡璐，符巍兰，等. 公司社会绩效与财务绩效关系模型优化及应用——来自中国上市公司的证据 [J]. 财务研究，2016（3）：70-83.

[11] 甘丽凝，武洪熙，牛芙蓉，等. 大型投资与资本结构动态调整——基于中国上市公司的经验证据 [J]. 会计研究，2015（9）：59-67，97.

[12] 高磊，庞守林. 基于风险承担视角的资本结构与企业绩效研究 [J]. 大连理工大学学报（社会科学版），2017（3）：18-23.

[13] 葛结根. 并购对目标上市公司融资约束的缓解效应 [J]. 会计研究，2017（8）：68-73.

[14] 郭鹏飞，孙培源. 资本结构的行业特征：基于中国上市公司的实证研究 [J]. 经济研究，2003（5）：66-73，93.

[15] 韩金红，潘莹. 产业政策、产权性质与资本结构动态调整 [J]. 投资研究，2021，40（3）：131-148.

[16] 黄辉. 制度导向，宏观经济环境与企业资本结构调整——基于中国上市公司的经验证据 [J]. 管理评论，2009（3）：10-18.

[17] 黄辉. 企业资本结构调整速度影响因素的实证研究 [J]. 经济科学，2010（3）：96-106.

[18] 黄继承，姜付秀. 产品市场竞争与资本结构调整速度 [J]. 世界经济，2015，38（7）：99-119.

[19] 黄继承，阚铄，朱冰，等. 经理薪酬激励与资本结构动态调整 [J]. 管理世界，2016（11）：156-171.

[20] 黄继承，朱冰，向东. 法律环境与资本结构动态调整 [J]. 管理世界，2014（5）：142-156.

[21] 黄俊威，龚光明. 融资融券制度与公司资本结构动态调整——基于“准自然实验”的经验证据 [J]. 管理世界，2019，35（10）：64-81.

[22] 姜付秀，黄继承. 市场化进程与资本结构动态调整 [J]. 管理世界，2011（3）：124-134.

[23] 蒋冠宏. 并购如何提升企业市场势力——来自中国企业的证据 [J]. 中国工业经济，2021（5）：170-188.

[24] 金桂荣. 区域因素影响下我国上市公司资本结构动态调整研究 [J]. 中国软科学，2016（7）：125-133.

[25] 晋兆奎. 跨所有制并购，会计信息质量与债务融资成本——基于混合所有制改革背景 [J]. 会计之友，2021（15）：151-158.

[26] 况学文，陈志锋，金硕. 政治关联与资本结构调整速度 [J]. 南开经济研究，2017（2）：133-152.

[27] 李井林. 公司存在目标资本结构吗？——来自并购的经验证据 [D]. 大连：东北财经大学，2014.

[28] 李井林，刘淑莲，韩雪. 融资约束、支付方式与并购绩效 [J]. 山西财经大学学报，2014（8）：114-124.

[29] 李井林，刘淑莲，汪玉兰. 公司存在目标资本结构吗？——来自并购的经验证据 [J]. 投资研究，2015（10）：53-75.

[30] 李井林，刘淑莲. 公司现金持有行为：权衡理论抑或优序融资理论 [J]. 金融评论，2015，7（6）：41-63，124.

[31] 李井林，刘淑莲. 资本结构动态调整研究综述 [J]. 财务研究，2015（6）：41-51.

[32] 李井林，卫芳. 定向可转债：融资工具还是治理工具——基于中国动力并购支付与融资安排的案例研究 [J]. 湖北经济学院学报，2021（3）：62-72.

[33] 李井林，杨姣. 目标资本结构、市场错误定价与资本结构调整速度 [J]. 财经问题研究，2018（10）：81-88.

[34] 李井林，易俊伶，刘淑莲. 并购支付方式选择：动态权衡理论抑或市场择时理论 [J]. 金融评论，2017（2）：53-68，125.

[35] 李井林. 目标资本结构、市场错误定价与并购融资方式选择 [J]. 山西财经大学学报，2017（4）：114-124.

[36] 李正，向锐. 中国企业社会责任信息披露的内容界定，计量方法和现状研究 [J]. 会计研究，2007，（7）：3-11.

[37] 李荣锦，雷婷婷. 盈余质量、股权集中度、企业性质与资本结

构动态调整——来源于房地产上市公司的数据［J］．南京审计大学学报，2019，16（03）：82-91.

［38］李善民，朱滔，陈玉罡，等．收购公司与目标公司配对组合绩效的实证分析［J］．经济研究，2004，（6）：96-104.

［39］李善民，曾昭灶，王彩萍．上市公司并购绩效影响因素［J］．世界经济，2003（9）：60-67.

［40］李善民，朱滔．中国上市公司并购的长期绩效——基于证券市场的研究［J］．中山大学学报，2005（5）：80-86.

［41］李悦，熊德华，张峥，等．公司财务理论与公司财务行为——来自167家中国上市公司的证据［J］．管理世界，2007（11）：108-118，172.

［42］佩波尔，理查兹，诺曼．产业组织：现代理论与实践［M］．郑江淮，等译．4版．北京：中国人民大学出版社，2014.

［43］刘柏，卢家锐．“顺应潮流”还是“投机取巧”：企业社会责任的传染机制研究［J］．南开管理评论，2018，21（4）：182-194.

［44］刘娥平，钟君煜，赵伟捷．风险投资对企业风险承担的影响研究［J］．科研管理，2021（10）：1-17.

［45］刘贯春，刘媛媛，闵敏．经济金融化与资本结构动态调整［J］．管理科学学报，2019，22（3）：71-89.

［46］李晓溪，杨国超，饶品贵．交易所问询函有监管作用吗？——基于并购重组报告书的文本分析［J］．经济研究，2019（5）：181-198.

［47］刘俊毅，白彦．资本结构对并购支付方式的影响研究——基于公司负债比率的视角［J］．江西社会科学，2018，38（7）：75-81.

［48］刘砾丹，刘力臻．高新技术企业成长性对资本结构动态调整的影响研究——基于不同成长阶段的实证分析［J］．内蒙古社会科学，2020，41（5）：121-129.

［49］刘淑莲．上市公司并购重组演变与理论研究展望［J］．会计师，2010（4）：4-6.

［50］刘淑莲．并购对价与融资方式选择：控制权转移与风险承担——基于吉利并购沃尔沃的案例分析［J］．投资研究，2011（7）：

130-140.

[51] 刘星，蒋水全，付强. 制度环境、政治关联与资本结构调整——来自民营上市公司的经验证据 [J]. 华东经济管理，2015，29（5）：40-45.

[52] 刘钊，王志强，肖明芳. 产权性质、资本结构与企业并购——基于中国制度背景的研究 [J]. 经济与管理研究，2014（2）：32-40.

[53] 刘志远，王存峰，彭涛. 政策不确定性与企业风险承担：机遇预期效应还是损失规避效应 [J]. 南开管理评论，2017（6）：13.

[54] 陆正飞，高强. 中国上市公司融资行为研究——基于问卷调查的分析 [J]. 会计研究，2003（10）：16-24，65.

[55] 罗琦，胡亦秋. 公司自由现金流与资本结构动态调整 [J]. 财贸研究，2016，27（3）：117-125.

[56] 李彬，郭菊娥，苏坤. 企业风险承担：女儿不如男吗？——基于CEO性别的分析 [J]. 预测，2017，36（3）：21-27，35.

[57] 麦勇，胡文博，于东升. 上市公司资本结构调整速度的区域差异及其影响因素分析——基于2000—2009年沪深A股上市公司样本的研究 [J]. 金融研究，2011（7）：196-206.

[58] 闵亮，邵毅平. 经济周期、融资约束与企业资本结构动态调整速度 [J]. 中南财经政法大学学报，2012（6）：100-105，124.

[59] 潘爱玲，刘昕，吴倩. 跨所有制并购、制度环境与民营企业债务融资成本 [J]. 会计研究，2019（5）：3-10.

[60] 潘爱玲，凌润泽，李彬. 供应链金融如何服务实体经济——基于资本结构调整的微观证据 [J]. 经济管理. 2021，43（8）：41-55.

[61] 彭俊超. 贸易政策不确定性与公司资本结构调整速度 [J]. 经济学家，2021（2）：52-61.

[62] 权小锋，吴世农，文芳. 管理层权力、私有收益与薪酬操纵 [J]. 经济研究，2010（11）：73-87.

[63] 任曙明，马强，晏雅卉. 农业上市公司多元化战略与资本结构动态调整 [J]. 大连理工大学学报（社会科学版），2010，31（3）：8-13.

[64] 苏坤. 管理层股权激励、风险承担与资本配置效率 [J]. 管理

科学，2015，28（3）：14-25.

［65］盛明泉，车鑫. 基于战略管理视角的公司风险承担与资本结构动态调整研究［J］. 管理学报，2016，13（11）：1635-1640.

［66］盛明泉，张春强，王烨. 高管股权激励与资本结构动态调整［J］. 会计研究，2016（2）：44-50，95.

［67］盛明泉，张敏，马黎珺，等. 国有产权、预算软约束与资本结构动态调整［J］. 管理世界，2012（3）：151-157.

［68］盛明泉，周洁，汪顺. 产权性质、企业战略差异与资本结构动态调整［J］. 财经问题研究，2018（11）：98-103.

［69］温忠麟，张雷，侯杰泰，等. 中介效应检验程序及其应用［J］. 心理学报，2004（5）：614-620.

［70］万佳宇，刘志强，饶品贵. 行政审批改革与企业并购行为［J］. 会计与经济研究，2021，35（2）：38-61.

［71］万良勇，胡璟. 网络位置、独立董事治理与公司并购——来自中国上市公司的经验证据［J］. 南开管理评论，2014，17（2）：64-73.

［72］王朝阳，张雪兰，包慧娜. 经济政策不确定性与企业资本结构动态调整及稳杠杆［J］. 中国工业经济，2018（12）：134-151.

［73］王倩，吴多文，陈倩玉. 企业社会责任与杠杆调整速度——基于中国上市公司的实证分析［J］. 金融论坛，2019（8）：67-80.

［74］王欣，阳镇. 董事会性别多元化、企业社会责任与风险承担［J］. 中国社会科学院研究生院学报，2019（2）：33-47.

［75］王晓亮，邓可斌. 董事会性别断裂带与资本结构决策效率提升［J］. 经济管理，2021（11）：160-176.

［76］王逸，张金鑫，于江. 并购能否带来资本结构的优化？——来自中国上市公司的经验证据［J］. 证券市场导报，2015（4）：18-25.

［77］王正位，赵冬青，朱武祥. 资本市场摩擦与资本结构调整——来自中国上市公司的证据［J］. 金融研究，2007（6）：109-119.

［78］魏志华，曾爱民，李博. 金融生态环境与企业融资约束——基于中国上市公司的实证研究［J］. 会计研究，2014（5）：73-80，95.

［79］巫岑，黎文飞，唐清泉. 产业政策与企业资本结构调整速度［J］.

金融研究，2019（4）：92-110.

［80］吴红军．融资约束是上市公司间收购的动机力吗？［C］．广州：中国会计学会 2006 年学术年会，2006.

［81］伍中信，张娅，张雯．信贷政策与企业资本结构———来自中国上市公司的经验证据［J］．会计研究，2013（3）：51-58.

［82］武力超，乔鑫皓，韩华桂，等．公司治理对企业资本结构动态调整速率的影响［J］．经济与管理研究，2017（8）：94-104.

［83］吴超鹏，吴世农，郑方镳．管理者行为与连续并购绩效的理论与实证研究［J］．管理世界，2008（7）：126-133，188.

［84］肖红军，李井林．责任铁律的动态检验：来自中国上市公司并购样本的经验证据［J］．管理世界，2018，34（7）：114-135.

［85］肖作平，廖理．非财务利益相关者与公司资本结构选择——一个动态调整模型［J］．中国工业经济，2010（10）：85-95.

［86］肖作平．资本结构影响因素和双向效应动态模型——来自中国上市公司面板数据的证据［J］．会计研究，2004（2）：36-41.

［87］谢辰，应惟伟，彭梓倩．高管薪酬与资本结构动态调整［J］．经济评论，2019（1）：121-132.

［88］许新亮．市场竞争程度、会计盈余与资本结构动态调整［J］．财会通讯，2019（18）：19-22.

［89］徐士伟，陈德棉，陈鑫，等．企业社会责任信息披露与并购绩效—垄断度与组织冗余的权变效应［J］．北京理工大学学报（社会科学版），2019，21（1）：74-80.

［90］余明桂，钟慧洁，范蕊．民营化、融资约束与企业创新——来自中国工业企业的证据［J］．金融研究，2019（4）：75-91.

［91］余明桂，李文贵，潘红波．民营化、产权保护与企业风险承担［J］．经济研究，2013，48（9）：112-124.

［92］余瑜．中国上市公司并购浪潮动因与时间性特征实证研究［D］．成都：西南交通大学，2015.

［93］于博．技术创新推动企业去杠杆了吗？——影响机理与加速机制［J］．财经研究，2017（11）：113-127.

[94] 袁春生，郭晋汝．货币政策变化对企业资本结构动态调整影响研究——来自中国上市公司的经验证据［J］．宏观经济研究，2018（7）：19-32.

[95] 袁奋强，惠志鹏．实际货币供给、企业风险承担与营运资本目标结构的动态调整选择［J］．审计与经济研究，2021，36（2）：116-127.

[96] 占明珍．市场势力研究［D］．武汉：武汉大学，2011.

[97] 张博，韩亚东，李广众．高管团队内部治理与企业资本结构调整——基于非CEO高管独立性的视角［J］．金融研究，2021（2）：153-170.

[98] 张博，庄汶资，袁红柳．新会计准则实施与资本结构优化调整［J］．会计研究，2018（11）：21-27.

[99] 张胜，张珂源，张敏．银行关联与企业资本结构动态调整［J］．会计研究，2017（2）：49-55，97.

[100] 张志强，肖淑芳．节税收益、破产成本与最优资本结构［J］．会计研究，2009（4）：47-54，97.

[101] 赵立彬，张秋生，杨志海．融资能力、所有权性质与并购绩效——来自中国上市公司的经验证据［J］．证券市场导报，2014（5）：8-13.

[102] 赵息，陈佳琦．目标资本结构对并购融资方式选择的影响研究［J］．经济体制改革，2018（5）：126-132.

[103] 赵息，孙世攀．资本结构对并购支付方式的影响研究——基于我国资本市场背景的分析［J］．管理评论，2015（8）：33-46.

[104] 赵息，吴小贞．企业并购支付方式对企业资本结构的影响［J］．武汉理工大学学报（信息与管理工程版），2013（6）：917-920.

[105] 赵子坤．资本结构对并购支付方式的影响——基于上市公司产权属性的研究［J］．东岳论丛，2017（2）：170-179.

[106] 郑曼妮，黎文靖．中国过度负债企业去杠杆——基于资本结构动态调整视角［J］．国际金融研究，2018（10）：87-96.

[107] 郑文风，王凤荣．存量改革视域下的企业并购与资本配置效率——基于目标公司融资约束缓解的实证研究［J］．山东大学学报（哲学

社会科学版)，2018（2）：118-132.

［108］周茜，许晓芳，陆正飞. 去杠杆，究竟谁更积极与稳妥？［J］. 管理世界，2020（8）：127-147.

［109］周泽将，胡刘芬，马静，等. 商誉与企业风险承担［J］. 会计研究，2019（7）：21-26.

［110］邹萍. 会计盈余质量与资本结构动态调整［J］. 中南财经政法大学学报，2014（3）：115-122，159-160.

［111］邹萍. 货币政策、股票流动性与资本结构动态调整［J］. 审计与经济研究，2015，30（1）：74-82.

［112］钟宁桦，刘志阔，何嘉鑫，等. 我国企业债务的结构性问题［J］. 经济研究. 2016，51（7）：102-117.

［113］翟进步，李嘉辉，顾桢. 并购重组业绩承诺推高资产估值了吗［J］. 会计研究，2019（6）：35-42.

［114］翟进步，王玉涛，李丹. 上市公司并购融资方式选择与并购绩效："功能锁定"视角［J］. 中国工业经济，2011（12）：100-110.

［115］张晓晶，刘学良，王佳. 债务高企、风险集聚与体制变革——对发展型政府的反思与超越［J］. 经济研究，2019，54（6）：4-21.

［116］张丽敏，靳庆鲁，张佩佩. IPO成长性管理与公司并购——基于创业板上市公司的证据［J］. 财经研究，2020，46（6）：125-139，168.

［117］张芳芳，张文珂. 企业并购与融资约束关系的研究述评［J］. 商业经济. 2021（9）：60-62，124.

［118］中国证券监督管理委员会. 中国上市公司并购重组发展报告［M］. 北京：中国经济出版社，2009.

［119］AGYEI-BOAPEAH H，OSEI D，FRANCO M. Leverage deviations and acquisition probability in the UK：The moderating effect of firms' internal capabilities and deal diversification potential［J］. European Management Review，2018，16（4）：1059-1077.

［120］AHMED Y，ELSHANDIDY T. Why do over-deviated firms from target leverage undertake foreign acquisitions？［J］. International Business

Review, 2018, 27 (2): 309-327.

[121] ALEXANDRIDIS G, ANTYPAS N, GULNUR A, et al.Corporate financial leverage and M&As choices: Evidence from the shipping industry [J]. Transportation Research Part E: Logistics and Transportation Review, 2020, (133): 101-828.

[122] ALMEIDA H, CAMPELLO M, WEISBACH M S.The cash flow sensitivity of cash [J]. The Journal of Finance, 2004, 59 (4): 1777-1804.

[123] ALMEIDA H, CAMPELLO M. Financial constraints, asset tangibility, and corporate investment [J]. The Review of Financial Studies, 2007, 20 (5): 1429-1460.

[124] ALSHWER A A, SIBILKOV V, ZAIATS N S. Financial constraints and the method of payment in mergers and acquisitions [J]. SSRN Working Papers, 2011.

[125] ALTI A.How persistent is the impact of market timing on capital structure? [J]. The Journal of Finance, 2006, 61 (4): 1681-1710.

[126] ANG J S, DAHER M M, ISMAIL A K.How do firms value debt capacity? Evidence from mergers and acquisitions [J]. Journal of Banking and Finance, 2019, (98): 95-107.

[127] ANTONIOU A, GUNEY Y, PAUDYAL K.The determinants of debt maturity structure: Evidence from France, Germany and the UK [J]. European Financial Management, 2006, 12 (2): 161-194.

[128] AYBAR-ARIAS A C, CASINO-MARTÍNEZ A, LÓPEZ-GRACIA J.Efectos financieros y estratégicos sobre la estructura de capital de la pequeña y mediana empresa [J]. Moneda y Crédito, 2004, 219: 71-99.

[129] ATTIG N , ELGHOUL S , GUEDHAMI O, et al.Corporate social responsibility and credit ratings [J]. Journal of Business Ethics, 2013, 117 (SI): 679-694.

[130] ANTONIOU A, GUNEY Y, PAUDYAL K.The determinants of capital structure: Capital market-oriented versus bank-oriented institutions [J]. Journal of Financial and Quantitative Analysis, 2008, 43 (1): 59-92.

[131] BARTON S L, GORDON P J. corporate strategy and capital structure [J]. Strategic Management Journal, 1986, 9 (6): 623-632.

[132] BAKER M, WURGLER J.Market timing and capital structure [J]. Journal of Finance, 2002, 57 (1): 1-32.

[133] BANCEL F, MITTOO U R.Cross-Country determinants of capital structure choice: a survey of european firms [J]. Financial Management, 2004, 33 (4): 103-132.

[134] BARGERON L L, LEHN K M, ZUTTER C J.Sarbanes-Oxley and corporate risk-taking [J]. Journal of Accounting and Economics, 2010, 49 (12): 52.

[135] BAYLESS M, CHAPLINSKY S.Expectations of security type and the information content of debt and equity offers [J]. Journal of Finance Intermed, 1991, 1 (3): 195-214.

[136] BESSLER W, DROBETZ W, GRÜNINGER M C. Information asymmetry and financing decisions [J]. International Review of Finance, 2011, 11 (1): 123-154.

[137] BESSLER W, DROBETZ W, PENSA P.Do managers adjust the capital structure to market value changes? Evidence from Europe [J]. Zeitschrift für Betriebswirtschaft, 2008, 113-145.

[138] BILLETT M T, KING T H D, MAUER D C.Bondholder wealth effects in mergers and acquisitions: New evidence from the 1980s and 1990s [J]. Journal of Finance, 2004, 59 (1): 107-135.

[139] BOOTH L, AIVAZIAN V, DEMIRGUC-KUNT A, et al.Capital structures in developing countries [J]. The Journal of Finance, 2001, 56 (1): 87-130.

[140] BOURGEOIS L J.On the measurement of organizational slack [J]. Academy of Management Review, 1981, (1): 29-39.

[141] BRADLEY M, JARRELL G, KIM H. On the existence of an optimal capital structure: Theory and evidence [J]. Journal of Finance, 1984, 39 (3): 857-878.

[142] BRANDON L G.Adjusting to target capital structure: The effect of credit lines [J]. University of Nebraska-Lincoln working paper, 2007.

[143] BRENNAN M J, Schwartz E S.Optimal financial policy and firm valuation [J]. The Journal of Finance, 1984, 39 (3): 593-607.

[144] BROMILEY P.Testing a Causal model of corporate risk taking and performance [J]. Academy of Management Journal, 1991, 34 (1): 37-59.

[145] BRUNER R.The use of excess cash and debt capacity as a motive for merger [J]. Journal of Financial and Quantitative Analysis, 1988, 23 (2): 199-217.

[146] COCHRAN P L, WOOD R A.Corporate social responsibility and financial performance [J]. Academy of Management Journal, 1984, 27 (1): 42-56.

[147] CARROLL A B.A three-dimensional conceptual model of corporate performance [J]. The Academy of Management Review, 1979, 4 (4): 497-505.

[148] CLARKSON M B E. A stakeholder framework for analyzing and evaluating corporate social performance [J]. Academy of Management Review, 1995, 20 (1): 92-117.

[149] CHOI D Y, ELKINAWY S, WANG S H.The changing face of Korean small and medium-sized enterprises management [J]. The changing face of Korean management, 2009: 143-164.

[150] CHEMMANUR T J , ERTUGRUL M , KRISHNAN K .Is it the investment bank or the investment banker? A study of the role of investment banker human capital in acquisitions [J]. Journal of Financial & Quantitative Analysis, 2019, 54 (2): 587-627.

[151] CHAVA S, HSU A . Financial constraints, monetary policy shocks, and the cross-section of equity returns [J]. The Review of Financial Studies, 2020, 33 (9): 4367-4402.

[152] CHANG Y K, CHOU R K, HUANG T H.Corporate governance and the dynamics of capital structure: New evidence [J]. Journal of Banking

& Finance, 2014, (48): 374-385.

[153] COOK D O, TANG T. Macroeconomic conditions and capital structure adjustment speed [J]. Journal of Corporate Finance, 2010, 16 (1): 73-87.

[154] COTEI C, FARHAT J. An application of the two-stage bivariate probit-tobit model to corporate financing decisions [J]. Review of Quantitative Finance and Accounting, 2011, 37 (3): 363-380.

[155] DEANGELO H, DEANGELO L, STULZ R M. Seasoned equity offerings, market timing, and the corporate lifecycle [J]. Journal of Financial Economics, 2010, 95 (3): 275-295.

[156] DHALIWAL D S, LI O Z, TSANG A. Voluntary nonfinancial disclosure and the cost of equity capital: The initiation of corporate social responsibility reporting [J]. Accounting Review, 2011, 86 (1): 59-100.

[157] DONALDSON T, DUNFEE T W. Toward a unified conception of business ethics: Integrative social contracts theory [J]. Academy of Management Review, 1994, 19 (2): 252-284.

[158] DROBETZ W, WANZENRIED G. What determines the speed of adjustment to the target capital structure? [J]. Applied Financial Economics, 2006, 16 (13): 941-958.

[159] DROBETZ W, PENSA P, WANZENRIED G. Firm characteristics, economic conditions and capital structure adjustment [J]. Working papers, 2007.

[160] DUDLEY E. Capital structure and large investment projects [J]. Journal of Corporate Finance, 2012, 18 (5): 1168-1192.

[161] ECKBO B E. Valuation effects of corporate debt offerings [J]. Journal of Financial Economics, 1986, 15 (1): 119-151.

[162] ELSAS R, FLANNERY M J, GARFINKEL J A. Financing major investments: Information about capital structure decisions [J]. 2014, 18 (4): 1341-1386.

[163] EREL I, JANG Y, WEISBACH M S. Do Acquisitions relieve target firms' financial constraints? [J]. The Journal of Finance, 2015, 70 (1): 289-328.

[164] EDMANS A.The link between employee satisfaction and firm value, with implications for corporate social responsibility [J]. Academy of Management Perspectives, 2012, 26 (4): 1-19.

[165] FLAMMER C. Corporate social responsibility and shareholder raction: The environmental awareness of investors [J]. Academy of Management Journal, 2013, 56 (3) 758-781.

[166] FAULKENDER M, FLANNERY M J, HANKINS K W. Cash flows and leverage adjustments [J]. Journal of Financial Economics, 2012, 103 (3): 632-646.

[167] FAULKENDER M. Do adjustment costs impede the realization of target capital structure [C]. AFA 2008 New Orleans Meetings Paper, 2008.

[168] FAULKNER D, TEERIKANGAS S, JOSEPH R J.The handbook of mergers and acquisitions [M]. Oxford University Press, 2012, 7: 20-25.

[169] FIER S G, MCCULLOUGH K A, CARSON J M.Internal capital markets and the partial adjustment of leverage [J]. Journal of Banking & Finance, 2013, 37 (3): 1029 - 1039.

[170] FISCHER E O, HEINKEL R, ZECHNER J. Dynamic capital structure choice: Theory and tests [J]. The Journal of Finance, 1989, 44 (1): 19-40.

[171] FAZZARI S M , HUBBARD R G , PETERSEN B C , et al. Financing constraints and corporate investment [J]. Brookings Papers on Economic Activity, 1988, 1988 (1): 141-206.

[172] FLAMMER C. Does product market competition foster corporate social responsibility? Evidence from trade liberalization [J]. Strategic Management Journal, 2005, 36 (10): 1469-1485.

[173] FLANNERY M J, HANKINS K W. Estimating dynamic panel models in corporate finance [J]. Journal of Corporate Finance, 2013, 19:

1–19.

[174] FLANNERY M J, RANGAN K P.Partial adjustment toward target capital structures [J]. Journal of Financial Economics, 2006, 79 (3): 469–506.

[175] FRASER D R, ZHANG H. Mergers and long term corporate performance: Evidence from cross-border bank acquisitions [J]. Journal of Money Credit & Banking, 2009, 41 (7): 1503–1513.

[176] FREEMAN R E, EVAN W M. Corporate governance: A stakeholder interpretation [J]. Journal of Behavioral Economics, 1990, 19 (4): 337–359.

[177] GALAI D, MASULIS R W.The option pricing model and the risk factor of stock [J]. Journal of Financial Economics, 1976, 3 (1–2): 53–81.

[178] GRIFFIN J J, MAHON J F. Corporate social performance & corporate financial performance: Correlations and implications [J]. Proceedings of the International Association for Business and Society, 1995, 6 (1): 749–760.

[179] GHOSH A, JAIN P C.Financial leverage changes associated with corporate mergers [J]. Journal of Corporate Finance, 2000, 6 (4): 377–402.

[180] GRAHAM J R.How big are the tax benefits of debts? [J]. Journal of Finance, 2000, 55 (5): 1901–1941.

[181] GRAHAM J, HARVEY C.The theory and practice of corporate finance: Evidence from the field [J]. Journal of Financial Economics, 2001, 60 (1): 187–243.

[182] GUEDES J, OPLER T. The determinants of the maturity of corporate debt issues [J]. Journal of Finance, 1996, 51 (5): 1809–1833.

[183] HANN R N, OGNEVA M, OZBAS O.Corporate diversification and the cost of capital [J]. The Journal of Finance, 2013, 68 (5): 1961–1999.

[184] HARFORD J, KLASA S, WALCOTT N.Do firms have leverage targets? Evidence from acquisitions [J]. Journal of Financial Economics, 2009, 93 (1): 1-14.

[185] HEALY P, PALEPU K, RUBACK R.Does corporate performance improve after mergers? [J]. Journal of Financial Economics, 1992, 31 (2): 135-175.

[186] HEINKEL R, ZECHNER J.The role of debt and preferred stock as a solution to adverse investment incentives [J]. Journal of Financial and Quantitative Analysis, 1990, 25 (1): 1-24.

[187] HASPESLAGH, P C. Managing Acquisitions: Creating Value Through Corporate Renewal [M]. New York, Free Press, 1991.

[188] HESHMATI A.The dynamics of capital structure: Evidence from swedish micro and small firms [J]. Research in Banking and Finance, 2002, 2: 199-241.

[189] HONG H, KACPERCZYK M.The price of sin: The effects of social norms on markets [J]. Journal of financial economics, 2009, 93 (1): 15-36.

[190] HONGREN H H, TRUNG D K.Corporate social responsibility and leverage speed of adjustment [J]. SSRN Working Papers, 2018.

[191] HOVAKIMIAN A, HOVAKIMIAN G, Tehranian H.Determinants of target capital structure: The case of dual debt and equity issues [J]. Journal of Financial Economics, 2004, 71 (3): 517-540.

[192] HOVAKIMIAN A, LI G.In search of conclusive evidence: How to test for adjustment to target capital structure [J]. Journal of Corporate Finance, 2011, 17 (1): 33-44.

[193] HOVAKIMIAN A, OPLER T, TITMAN S.The debt-equity choice [J]. Journal of Financial and Quantitative Analysis, 2001, 36 (1): 1-24.

[194] HOVAKIMIAN A. Are observed capital structures determined by equity market timing? [J]. Journal of Financial and Quantitative Analysis, 2006, 41 (1): 221.

[195] HOVAKIMIAN A.The role of target leverage in security issues and repurchases [J]. The Journal of Business, 2004, 77 (4): 1041-1072.

[196] HU M, YANG J J.The role of leverage in cross-border mergers and acquisitions [J]. International Review of Economics and Finance, 2016, (43): 170-199.

[197] HUANG H H, DO T K.Corporate social responsibility and leverage speed of adjustment [C]. SFM 2018: 26th Conference on the Theories and Practices of Securities and Financial Markets.

[198] HEINKEL R, KRAUS A, ZECHNER J. The effect of green investment on corporate behavior [J]. Journal of financial and quantitative analysis, 2001, 36 (4): 431-449.

[199] HUANG J, PIERCE J R, TSYPLAKOV S.Post-Merger integration duration and leverage dynamics of mergers: Theory and evidence [J]. SSRN Woking Papers, 2012.

[200] HUANG R, RITTER J R.Testing theories of capital structure and estimating the speed of adjustment [J]. Journal of Financial and Quantitative Analysis, 2009, 44 (2): 237-271.

[201] HADLOCK C J, PIERCE J R. New evidence on measuring financial constraints: Moving beyond the KZ index [J]. Review of Financial Studies, 2010, 23 (5): 1909-1940.

[202] HUBBARD RG, PALIA D.A re-examination of the conglomerate merger wave in the 1960s: An internal capital markets view [J]. Journal of Finance, 1999, 54: 1131-1152.

[203] JENSEN M C.Agency costs of free cash flow, corporate finance, and takeovers [J]. American Economic Review, 1986, 76 (2): 323-329.

[204] KARAMPATSAS N, PETMEZAS D, TRAVLOS N G. Credit ratings and the choice of payment method in mergers and acquisitions [J]. Journal of Corporate Finance, 2014, 25 (2): 474-493.

[205] KAYHAN A, TITMAN S. Firms' histories and their capital structures [J]. Journal of Financial Economics, 83 (1): 1-32.

[206] KHOO J, DURAND R B, RATH S. Leverage adjustment after mergers and acquisitions [J]. Accounting and Finance, 2017, 57 (1): 185-210.

[207] KIM E H, MCCONNELL J J. Corporate mergers and the co-insurance of corporate debt [J]. The Journal of Finance, 1977, (32): 349-363.

[208] KIM E H, SINGAL V. Mergers and market power: Evidence from the airline industry [J]. The American Economic Review, 1993, 83 (3): 549-569.

[209] KRAPL A. Corporate international diversification and risk [J]. International Review of Financial Analysis, 2015, (37): 1-13.

[210] KRASKER W S. Stock price movements in response to stock issues under asymmetric information [J]. The Journal of Finance, 1986, 41 (1): 93-105.

[211] KRAUS A, LITZENBERGER R H. A state-preference model of optimal financial leverage [J]. The Journal of Finance, 1973, 28 (4): 911-922.

[212] KHORANA A, SERVAES H, WEDGE L. Portfolio manager ownership and fund performance [J]. Journal of Financial Economics, 2007, 85 (1): 179-204.

[213] LAWSON M B. In praise of slack: Time is of the essence [J]. The Academy of Management Executive, 2001, 15 (3): 125-135.

[214] LOW P Y, CHEN K H. Diversification and capital structure: Some international evidence [J]. Review of Quantitative Finance & Accounting, 2004, 23 (1): 55-71.

[215] LEARY M T, ROBERTS M R. Do firms rebalance their capital structures? [J]. The Journal of Finance, 2005, 60 (6): 2575-2619.

[216] LEMMON M L, ROBERTS M R, ZENDER J F. Back to the beginning: Persistence and the cross-section of corporate capital structure [J]. Journal of Finance, 2008, 63 (4): 1575-1608.

[217] MARSH P. The choice between equity and debt: An empirical study [J]. Journal of Finance, 1982, 37 (1): 121-144.

[218] MARTYNOVA M, RENNEBOOG L. What determines the financing decision in corporate takeovers: Cost of capital, agency problems, or the means of payment? [J]. Journal of Corporate Finance, 2008, 15 (3): 290-315.

[219] MODIGLIANI F. Debt, dividend policy, taxes, inflation and market valuation [J]. The Journal of Finance, 1982, 37 (2): 255-273.

[220] MOELLER S B, SCHLINGEMANN F P, STULZ R M. Wealth destruction on a massive scale? A study of acquiring-firm returns in the recent merger wave [J]. Journal of Finance, 2005, 60 (2): 757-782.

[221] MORELLEC E, ZHDANOV A. Financing and takeovers [J]. Journal of Financial Economics, 2008, 87 (3): 556-581.

[222] MURPHY A, NATHAN K. An analysis of merger financing [J]. Financial Review, 1989, 24 (4): 551-566.

[223] MYERS S C, MAJLUF N S. Corporate financing and investment decisions when firms have information that investors do not have [J]. Journal of Financial Economics, 1984, 13 (2): 187-221.

[224] MYERS S C. The capital structure puzzle [J]. The Journal of Finance, 1984, 39 (3): 574-592.

[225] NARAYANAN M P. Debt versus equity under asymmetric information [J]. Journal of Financial and Quantitative Analysis, 1988, 23 (1): 39-51.

[226] NATHANSON D A, CASSANO J. What happens to profits when a company diversifies? [J]. Wharton Magazine, 1982, (24): 19-26.

[227] NORMANN H T, SNYDER C M, MARTIN S. Vertical foreclosure in experimental markets [J]. Rand Journal of Economics, 2001, 32 (3): 466-496.

[228] OIKONOMOU I, BROOKS C , PAVELIN S . The Effects of Corporate Social Performance on the Cost of Corporate Debt and Credit Ratings

[J]. Financial Review, 2014, 49 (1): 49-75.

[229] PRESTON L E, OBANNON D P. The Corporate social-financial performance relationship: A typology and analysis [J]. Business & Society, 1997, 36 (4): 419-429.

[230] QIAN Y, TIAN Y, WIRJANTO T S. Do Chinese publicly listed companies adjust their capital structure toward a target level? [J]. China Economic Review, 2009, 20 (4): 662-676.

[231] RAJAN R, ZINGALES L. What do we know about capital structure: Some evidence from international data [J]. Journal of Finance, 1995, 50 (5): 1421-1460.

[232] RAVENSCRAFT D J, SCHERER F M. Life after takeover [J]. Journal of Industrial Economics, 1987, 36 (2): 147-156.

[233] ROWLEY T, BERMAN S. A brand new brand of corporate social performance [J]. Business and Society.2000, 39 (12): 397-418.

[234] SCHULER D A, CORDING M. A corporate social performance-corporate financial performance behavioral model for consumers [J]. Academy of Management Review, 2006, 31 (3): 540-558.

[235] SETHI S P, SAMA L M. Ethical behavior as a strategic choice by large corporations: The interactive effect of marketplace competition, industry structure and firm resources [J]. Business Ethics Quarterly, 1998, 8 (1): 85-104.

[236] SHARFMAN M P, WOLF G, CHASE R B, et al. Antecedents of organizational slack [J]. The Academy of Management Review, 1988, 13 (4): 601-614.

[237] SHIN H H, STULZ R M. Are internal capital markets efficient? [J]. The Quarterly Journal of Economics, 1998, 113 (2): 531-552.

[238] SHRIEVES R E, PASHLEY M M. Evidence on the association between mergers and capital structure [J]. Financial Management, 1984, 13 (3): 39-48.

[239] SHYAM-SUNDER L, MYERS S C.Testing static trade-off against pecking order models of capital structure [J]. Journal of Financial Economics, 1999, 51 (2): 219-244.

[240] SINGH J V.Performance, slack, and risk taking in organizational decision making [J]. Academy of Management Journal, 1986, 29 (3): 562-585.

[241] STEIN J C. Internal capital markets and the competition for corporate resources [J]. The Journal of Finance, 1997, 52 (1): 111-133.

[242] SUCHMAN M C.Managing legitimacy: strategic and institutional approaches [J]. Academy of Management Review, 1995, 20 (3): 571-610.

[243] SUDARSANAM P S.Creating value from mergers and acquisitions: the challenges: an integrated and international perspective [M]. FT Prentice Hall, 2003.

[244] STELLNER C, KLEIN C, ZWERGEL B. Corporate social responsibility and Eurozone corporate bonds: The moderating role of country sustainability [J]. Journal of Banking & Finance, 2015, 59 (10): 538-549.

[245] SERVAES H, TAMAYO A. The role of social capital in corporations: a review. [J]. Oxford Review of Economic Policy, 2017, 33 (2): 201-220.

[246] TAN J, PENG M W. Organizational slack and firm performance during economic transitions: Two studies from an emerging economy [J]. Strategic Management Journal, 2004, 25 (3): 307-307.

[247] TAO Q, SUN W, ZHU Y, et al.Do firms have leverage targets? New evidence from mergers and acquisitions in China [J]. North American Journal of Economics and Finance, 2017, (40): 41-45.

[248] TEECE D J, PISANO G, SHUEN A.Dynamic capabilities and strategic management [J]. Strategic Management Journal, 1997, 18 (7): 509-533.

[249] THOMPSON J D. Organizations in Action [M]. New York: McGraw-Hill, 1967.

[250] TOMAS J, JUSTIN L.Do capital structure adjustments by takeover targets influence acquisition gains? [J]. Financial Review, 2017, 52 (2): 171-198.

[251] UYSAL V B. Deviation from the target capital structure and acquisition choices [J]. Journal of Financial Economics, 2011, 102 (3): 602-620.

[252] VERMAELEN T, XU M.Acquisition finance and market timing [J]. Journal of Corporate Finance, 2014, 25: 73-91.

[253] VOSS G B, SIRDESHMUKH D, VOSS Z G.The effects of slack resources and environmental threat on product exploration and exploitation [J]. Academy of Management Journal, 2008, 51 (1): 147-164.

[254] WADDOCK S, GRAVES S B.The corporate social performance-financial performance link [J]. Strategic Management Journal, 1997, 18 (4): 303-319.

[255] WADDOCK S, GRAVES S B. The impact of mergers and acquisitions on corporate stakeholder practices [J]. Journal of Corporate Citizenship, 2006, 22 (6): 91-109.

[256] WELCH I. Capital structure and stock returns [J]. Journal of Political Economy, 2004, 112 (1): 106-132.

[257] WHITED T M, WU G.Financial constraints risk [J]. Review of Financial Studies, 2006, 19 (2): 531-559.

[258] WILLIAMSON O E.Corporate control and business behavior [M]. N J: Prentice Hall, 1970.

[259] YANG S G, HE F Y, ZHU Q, et al.How does corporate social responsibility change capital structure? [J]. Asia-Pacific Journal of Accounting & Economics, 2018, 25 (3-4): 352-387.

索引